JN228147

90前後で、女性はこう変わる

樋口恵子
下重暁子

幻冬舎

本書を読む前に

歳を重ねると、**予想もしていなかったような変化が、心と体に訪れます。**

「運動をして筋肉を落とさないようにするほうがいい」

わかっていても、簡単にできないのが人間です。

そこで本書では、92歳の樋口恵子さんと、88歳の下重暁子さんに、

女性の心と体の変化について実況中継をしてもらいました。

あらゆる変化を笑いに変え、歳をとることを楽しくするには？

もう少し早めに手を打っておいたほうがよかったと思うことは？

これは絶対におすすめできる！　ということは？

対談を通して見えてくるのは、

人間は経験を重ねるほど、面白みが増すということ。

それでは、さっそく対談をスタートいたします！

著者紹介

樋口恵子
（ひぐちけいこ）

１９３２年東京都生まれ。東京大学文学部卒業。時事通信社、学習研究社、キヤノン株式会社を経て、評論活動に入る。ＮＰＯ法人「高齢社会をよくする女性の会」名誉理事長。朝起きたら新聞３紙を読むのがモットー。気になる記事は切り抜き、保存。**趣味は人間観察と造語。**今まで「ヨタヘロ期」「調理定年」「シルバーの老働力」「ファミレス時代」といった造語を披露してきた。

下重暁子
（しもじゅうあきこ）

１９３６年生まれ。早稲田大学教育学部国語国文学科卒業後、アナウンサーとしてＮＨＫに入局。その後、フリーとなる。民放キャスターを経て、文筆活動に入る。「仕事は楽しく、遊びは真剣に」がモットー。**苦手なことは早寝早起き。**目が覚めて１時間くらいベッドの中で、その日やることを考えるのが日課。散歩が好きで、歩きながら地域猫をなでたりしている。

90前後で、女性はこう変わる　目次

第1章

高齢になると、カラダはこう変わる

第2章

女性は75歳が老いの分かれ目

第3章

精神の「老い」をくいとめる!

第4章

〝元気なうち〟にやっておいたほうがいいこと

第5章

高齢者が声を上げないと、社会は変わらない！

装　丁　萩原弦一郎(256)
イラスト　なかがわみさこ
構　成　篠藤ゆり
DTP　美創

第1章

高齢になると、カラダはこう変わる

ある日突然、食欲がなくなることがある。それをどう乗り越える？

樋口　ご本はいつも拝読しておりますが、こうしてお目にかかるのは久しぶりですね。お元気でしたか？

下重　はい、なんとか元気にしております。前回お会いしたのはけっこう前だったと思いますが、見た目も当時とお変わりなく。あえて言うなら、ちょっとスマートになられました？

樋口　さすが下重さん、鋭い。実は私、今92歳ですが、90歳をすぎた頃からガクッときました。それまでは以前ほどお腹が空かなくても1日に2食は食べていたのですが、91歳の冬、食欲がまったくなくなり、ものが食べられなくなったのです。

下重　それは心配ですね……。

樋口　食べないと体がふらつくし、脳にも栄養がいかないのか、頭がシャキッとしない。

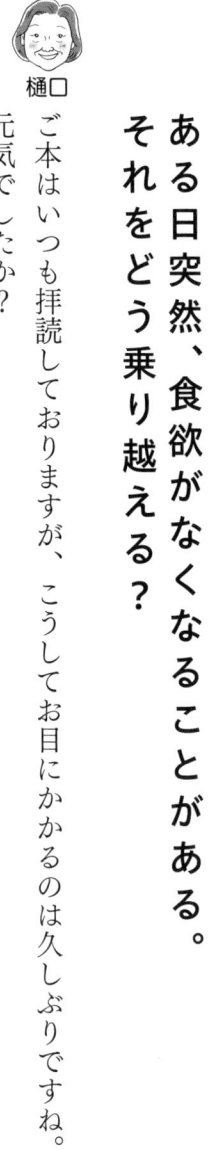

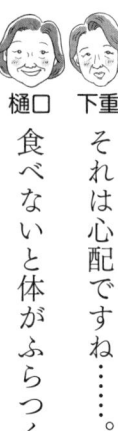

なにより、気力が湧かないんです。「いよいよ、これまでか」と、ちょっと諦めムードになったのも事実です。

なにか病気かもしれないと思って病院で検査したら、とくに問題はありませんでしたし、原因もわかりませんでした。要は、生命体としての力が落ちてきた、ということかもしれません。

おかげさまで年が明けてから食欲が回復しましたが、依然として食べる量は少ないです。ただスマートと言われるのは、まんざらでもないですね（笑）。

樋口　下重

食欲が回復したのには、なにかきっかけがあったのですか？

今は週に2回、助手2人が家に来てくれますが、**そんなときに「ほら、食べなきゃ元気が出ないわよ」などとそばで、やいのやいの言ってくれて、少しは食べる……を続けていたら、徐々に回復してきました。**

樋口　下重

必要としてくれる人の言うことは聞く！　これは私も徹底しています。

実は80をすぎた頃、低栄養で貧血になってしまったんです。私は料理が好きなほうでしたが、80代になると、さすがに面倒になってきて。そこで**冷蔵庫の中にあるハムやヨーグルト、ちょっと贅沢なパンなど好きなものだけを適当に食べていたら、栄養が偏ってしまった**んですね。

なんとなくふらつくので病院に行ったところ、低栄養が判明。どちらかというとふっくらした体をしているので、まさか自分が栄養不足に陥っているなんて、想像もしていませんでした。

下重

歳をとると面倒になって、ハムやヨーグルト、パンですませている人は多いと思います。

樋口

厚生労働省では毎年、国民健康・栄養調査を行っています。少し前の数字ですが、令和1年の調査結果を見ると、65歳以上の低栄養傾向の人は男性約12%、女性約20%。これが85歳以上となると、男性約17%、女性約28%と、かなり割合が高くなります。さらに要介護高齢者の場合は20～40%、入院中の高齢者は30～50%の割合で低栄養のようです。

下重　そんなに低栄養の人の割合は増えるのですか！　それにしても85歳以上の女性と男性で、ずいぶん割合が違いますね。どうしてかしら。

樋口　たぶん男性は奥さんに料理をしてもらって、ちゃんと食べているんじゃないでしょうか（笑）。女性は、夫に先立たれると、自分一人のために料理をするのが億劫《おっくう》になる。

下重　我が家は逆。料理はつれあいが趣味でつくるから、私はそれを食べるだけ。ただし後かたづけは私がする努力をしています。

樋口　それはめずらしいケースですね。ところで、最近面白い統計を見つけました。日本能率協会総合研究所が２０２２年に全国の60～90歳の男女２５００人を対象に実施した、「高齢者　普段の食事調査」の結果です。**自分でつくった食事を1日3食食べると答えた女性は約44%、男性は約4%**でした。

下重　男性はたったの４%ですか！

樋口　夫婦そろって生きていても、じいさんは料理をなにもしない。そのうち夫婦そろって、やせ細っていきパタリ、なんですよ。

下重　樋口さんの場合、お料理はどなたがされてるんですか？

樋口　**今はシルバー人材センターの方に週4日、料理をつくってもらい、週1日は配食サービスを利用しています。**おかげで、以前ほどの量は食べられないものの、栄養の偏りは改善されました。配食も日進月歩。

私は配達の回数に縛りがなく、週に1回でも頼めるところを選んでいます。そうしたら、私の助手をつとめてくれている女性のお母さまが、同じ配食サービスを同じ曜日に頼んでいると知って。いただきながら「あぁ、あの方も同じお弁当を食べているんだわ」と思ったら、ふ～っとあたたかい空気が体の中を抜けていくような気がしました。不思議なものですね。**それだけで、ちょっと食が進む**んです。

下重　気持ちと食欲は、少なからず関係していますよね。

樋口　シルバー人材センターには、お料理上手な方もいます。地域で登録されているので、比較的ご近所の方が多いというのも利点ですね。それに値段も、決して高くはありません。料理が大変になったら、私のように、そういう方に週に何回かお願いするのも手です。

下重

私はつれあいがいなくなったら即、必要になるはずです。

なにもないところで、ふわ~っと転ぶ。「転倒適齢期」をいかに生き抜く？

樋口

前回下重さんとお会いしたのは、今から20年くらい前ですかね。当時私は、70歳前後。その頃は元気いっぱいで、仕事も遊びも目一杯やり、毎日フル回転でした。

92歳となった今は足腰が弱り、ヨタヨタヘロヘロ。今は危なっかしい歩き方しかできません。ですから、外出する際は誰かに支えてもらっています。

下重

そうですか。私はおかげさまで今のところ、一応一人でスタスタ歩けています。ただ、駅やホームは足早に歩く人が多くて、ぶつかって転ぶのが怖い。だからコロナ禍以降、電車にはあまり乗らなくなりました。いずれにせよ、足は大事ですね。

樋口　本当に大事です。足に自信がなくなると、つい、外出が億劫になります。そうすると、どうしても気持ちも内向きになりがちでしょう。そこが問題です。
実はつい先日も転んで、右膝《みぎひざ》をものすごい勢いで打撲《だぼく》しました。

下重　あらまぁ！　なにかにつまずいた？

樋口　いえいえ、なにもないところで転びました（笑）。
婦人運動家で議員もされていた加藤シヅエ先生が90代のとき、テレビ番組で私がインタビュアーを仰《おお》せつかったことがあります。ところが加藤シヅエ先生は収録のちょっと前にご自宅で転倒、骨折され、延期になってしまいました。
3カ月ほどたってから改めてご自宅に伺い、「なにかにつまずかれたんですか？」と訊ねたら、**「それがあなた、立っていたら、ふわ～っと転んだんでございます」**と。

下重

ふわ〜っと？

樋口

はい。当時50代だった私は、「なにもないところで、ふわ〜っと転ぶことがあるんだろうか」と、合点がいきませんでした。ところが先日、本当にふわ〜っと転んじゃったんです。押されたわけでも突き飛ばされたわけでもないのに、立っているうちにバランスを失って、ドシン。要するに、バランスが取れなくなるんです。

下重

あらら。夜中とか寝起きが危ないですね。

樋口

年齢とともに体幹《たいかん》が弱るのでしょう。**なにかにつまずいて転ぶのが80代。**いわば「転倒適齢期」の到来です。そして、**なにもないところで転ぶのが90代。**自分が実際にふわ〜っと転んだことで、加藤シヅエ先生のおっしゃってたことをようやく実感し、**「あぁ、人間って、経験してみないとわからないことがたくさんあるんだ」**と改めて感じました。

下重

確かに、90代のことは、その歳になるまで未経験ですからね。

樋口 楽しい経験ではなかったとしても、共有体験を通じて「いよぉ、ご同輩」と、シンパシーを感じます。

下重 自然と、いたわり合って、仲よくしましょう、という気持ちになりますものね。

樋口 そうそう。「お互いさまでございます」という感覚。というわけで、90歳目前の下重さんと92歳になった私、平均年齢ほぼ90歳コンビでおおいに語り合いましょう。

「年甲斐もなく」をたくさんやる人ほど、すこぶる元気！

下重 私は２０１９年に『年齢は捨てなさい』という本を出し、そのなかで「私は82歳という自覚がありません」と書きました。「還暦をすぎたから」だの、「75歳をすぎて後期高齢者になってしまった」だの、自分を縛ってしまうのはつまらないですから。

とはいえ、先日88歳の誕生日に88本の真紅のバラを贈ってくれた人がいて、こん

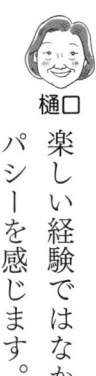

なにたくさんのバラをいただけるのなら、歳をとるのも悪くないなと思いました。
　今もとくに年齢は意識していませんし、普段は完全に忘れています。ただ、歳を重ねると体が変化していくのは、まぎれもない事実ですね。
実は75歳から3年連続で転んで骨折して――。1年目は右足首、次の年が左足首、3年目が左手首でした。

樋口　あらまぁ、3年連続とは！

下重　一番ひどかったのは、左手首。軽井沢の山道で、カーブの向こうからかなりのスピードでオートバイが2台来て。慌ててよけたら、よろけて斜面に手をついてしまった。そのとき、ビシャッて音がしたので、これはまずいなぁ、と。前腕には尺骨《しゃっこつ》と橈骨《とうこつ》という2本の骨がありますが、その両方が折れてしまったんです。ほら見て。

樋口　わっ！　骨の部分が飛び出している！

下重　手術しなかったのよ。

え〜っ！

先生は手術したほうがいいとすすめてくれたんだけど、私はとにかく手術が嫌いで。小さい頃に扁桃腺《へんとうせん》で手術をしたんですが、戦後すぐということもあり、ひどい目にあったんです。

どんな目に？

なんでも手術で使うはさみの切れが悪く、何度も扁桃腺を切ろうとしたようで、ものすごく痛かったことを覚えています。入院も1日程度と言われていたのに、結果的に1週間に延びた。そういうトラウマもあって、手術には今でも拒否反応が出てしまうんです。

　左手首の骨2本を折ったときは、親しい理学療法士に「手術したくないんだけど」と相談しました。すると、レントゲンをよく見て検討してくれて、「リハビリで治る確率はフィフティ・フィフティだ」と。私は、その50%にかけたんです。元通りに動くようになるまで1年かかりましたけど、問題なく動かせるようになりました。

樋口　へぇ～！　相談してみるものですねぇ。

下重　そんなわけで3年続けて骨折したんですけど、不思議なことに、3回とも骨折そのものは1カ月で治ったんです。

樋口　回復が早いのは、お若い証拠ですよ。普通、歳をとると、骨折したらなかなか治らないですから。年齢にしては、骨密度が高いのかもしれませんね。

下重　いえいえ、1回目に骨折した際に骨密度を測ってもらったら、典型的な骨粗鬆症《こつそしょうしょう》だと言われました。ただ、ヘンな言い方ですが、ものすごくきれ～いにパシッと折れたんです。

樋口　複雑骨折だと、なかなか治らず大変ですものね。

下重　考えてみると、**48歳からクラシックバレエを始めて、60歳まで続けたのが功を奏した**のではないか、と。

樋口　へぇーっ！　ご自分で踊られるんですか？

下重　最近はお歳を召した方がバレエをやるのもそう珍しくないですが、当時はその歳でバレエを始めるなんて、はたから見たら〝非常識〟だったと思いますよ。

実際、**友人から「よく恥ずかしくないわね」なんて言われたこともあります。**私は大人クラスに入りましたが、2位をかなり引き離しての最年長でした。

樋口　バレエを始めたのは、なにかきっかけがあったんですか？

下重　子どもの頃、バレエに憧れたけれど、体が弱くてできなかった。クラシック音楽が好きで、人生の半ばをすぎて、健康のためにも体を動かしたいなと思ったときに、「そうだ、子どもの頃、バレエをやりたかったなぁ」と昔の夢を思い出したんです。

樋口　私たち戦中育ちは、お稽古ごと欠乏症みたいなところがありますものね。

下重　そうそう。お稽古ごとの余裕がなかった。でも小さい教室で自信がついて、松山樹《みき》子《こ》先生の松山バレエ団の教室に入り、年一回舞台でも踊りました。年甲斐もなく、チュチュなんぞ身につけて。

樋口 今、いいことをおっしゃった！　**「年甲斐もなく」**、**おおいにけっこう。その精神こそ、老化のスピードを遅くする**のだと思います。

下重 いやぁ、発表会は本当に楽しかった！　長いつけ睫毛《まつげ》に、少女のような舞台化粧をほどこして！　熱心にレッスンに通っていたおかげで体の柔軟性が増し、転んだとしても、けっこう上手に転べるんだと思います。今でも股関節がやわらかいので、難なく開脚もできますから。

樋口 あら、それはすごい！　私は文化系の趣味ばかりでしたが、後年になってつくづく、もう少し体育会系の趣味もやっておけばよかったと後悔しました。**やはり50歳以降、意識して体を動かすことは、ものすごく大事**です。

和式トイレで立ち上がれない！「老いるショック」は75歳

樋口

下重さんは75歳から3年続けて骨折したということですが、私もちょうど75歳の頃、体の変化が訪れました。私はどちらかというとトイレが遠いほうですが、京都でおもてなしがひじょうに素晴らしくて、さんざんごちそうになって（笑）。

それで、仕事が終わって新幹線に乗る前に、駅でトイレに行っておこうと思ったんです。当時は京都駅に和式のトイレもあって、たまたまそこに入ったのですが、用を足して、**さぁ立ち上がろうとしたら、立てなかったんです。**

下重

足に力が入らない感じだったんですか？

樋口

入らない。気づかないうちに、足腰が弱っていたんですね。もう、心臓はバクバク、全身から冷《ひ》や汗がたら〜っ。気持ちは焦る一方なのに、どうにもこうにも立ち上がれない。

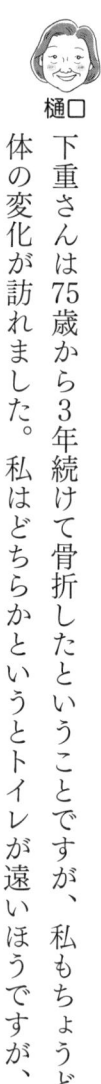

下重 どこかを手でつかんで、支えにしてもダメ？

樋口 その個室には、つかまるところがなかったんです。しかたなく、トイレットペーパーを手に巻きつけて床に手をついて立ち上がり、無事生還しました（笑）。ただ、昭和一桁生まれは倹約精神が行き渡っていますからね。手をつくためだけにトイレットペーパーを消費したことが、どうにも心苦しかったですね。

下重 それはそれは、お疲れさまでした。何分くらい、かかったの？

樋口 たぶん、ものの5分か10分でしょう。でも、30分くらいに感じました。70代になっても元気いっぱい、全国を飛び回っていましたが、**しゃがんだ体勢から立ち上がれないという事実を前に、初めて「老い」を実感しました。**

下重 それは恐怖だと思います。ショックだったでしょう？

樋口 ショックでなかったかといえば、ウソになります。「ゆるキャラ」とか「マイブーム」など、上手な新語をつくってらっしゃるみうらじゅんさんが、１９７０年代のオイルショックをもじって「老いるショック」という見事な新語をつくっていますよね。

造語にはいささか自信のある私は「やられたぁ！」とちょっと悔しかったですが、トイレでの一件はまさに老いるショック。私はそれ以来、トイレ評論家のごとく「すべての公共トイレに手すりを」と説いております。その頃に比べると、トイレもだいぶバリアフリー化されましたけどね。

下重　今も京都駅の女性トイレに和式があるかどうかはわかりませんが、たとえば新橋演舞場や歌舞伎座など、和服の方がわりと多いところは、和式トイレも残しているようですね。

樋口　なるほど、和式トイレが残っているのは、そういう理由もあるんですね。

下重　それと、日本人は清潔であることにこだわる傾向があるから、人がお尻をつけたところに座りたくない、という方もいるのでしょう。だから、あえて和式を残しているところもあるのかもしれません。

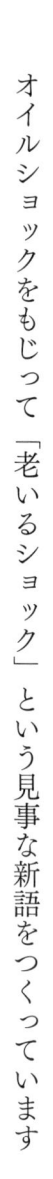

ただ、列をなしていても、若い方も含めて和式を使う方はほとんどいないようで、空いていることが多いみたい。若い方も、和式は苦手なんでしょうか。

樋口

若い方は、生まれたときから洋式ですから。なれていないし、なんでもしゃがむ脚力がない人もいるらしいと聞いていますよ。

トイレが近くなるのは、長生きしている証拠！お腹のカイロは必須

下重

トイレの話が出たところで、私自身のことをお話ししますと、70代後半頃からトイレが近くなりました。もちろん小のほうですが。

樋口

それは自然な変化でしょう。膀胱《ぼうこう》だって筋肉でできているんでしょうし、若いときに比べると弾力性が落ちるんじゃないでしょうか。顔の張りを失って頬もたるんでくるのですから、膀胱だって張りを失いますよ。

下重

そうですよね。でもなにが困るって、テレビの生番組。２０２３年8月、初めて「朝まで生テレビ！」に出たんです。田原総一朗さんが、いまや敗戦を経験している人が少ないので、ぜひ終戦特集に出てくれって。

あの番組は夜中だし、スタジオは冷房がガンガン入っている。私はもともと冷房が苦手なので、体が冷えないように気をつけていたの。もちろん番組が始まる直前にもお手洗いに行って、飲み物も控えて。それで大丈夫だろうと思っていたら、途中から雲行きが怪しくなってきて……（笑）。

あの番組はＣＭの間にトイレに行く人もけっこういますが、ＣＭまで待てないし、ヘタしたら大変なことになるかもと、気が気じゃなくて。誰かが長くしゃべり始めたのを見計らって、そーっと立ち上がって、スススッとトイレに向かいました。

樋口

トイレの場所は、あらかじめわかってらしたの？

下重

もちろんです。私はテレビに出るときは、いつも事前にトイレの場所を確かめておきます。

樋口　それは大事ですよね。それにしても、あの番組は長いから大変よね。

下重　はい。生放送で3時間くらいありますから。普通は3時間くらい大丈夫なんですけど、なにせスタジオが冷えているので。

樋口　私は今でもトイレはそれほど近くありませんが、やはり冷えると心配になります。最近は、夏はどこに行っても冷房が強いでしょう。タクシーに乗ると、「少し冷房を弱くしていただけませんか」とお願いすることもあります。

下重　私は冷房で体が冷えやすいので、夏でも使い捨てカイロが欠かせません。**膀胱が冷えると膀胱炎になりやすいから、膀胱が冷えないように、ほぼ一年中、恥骨付近に小さいのを貼っておく**んです。

　でも春をすぎると、どこのドラッグストアもカイロを置かなくなるから、あれはなんとかしてほしい。冷房で冷えるのは熱中症より恐怖。

樋口　私も、寒い季節は使い捨てカイロを使っています。カイロは、日本人の偉大な発明ですね。

膝痛は誰もが通る道。ならば、どうする？

下重

ある程度の年齢になると、体のあちこちに痛みが出るのも、致し方ないことですよね。仕事がら、肩こり、腰痛と長年つき合ってます。

樋口

私たちの世代は、わりと痛みに強い人が多いでしょう？　昭和一桁生まれは、我慢強いから。

下重

確かに我慢強いけれど、やっぱり痛みにだけは耐えられない。私は痛みに弱いんです。でもそれは、決して悪いことではない気がします。

痛みを感じにくい人は、体になにかしら異変が起きていても、なかなか気づかなかったりするでしょう。つれあいは、典型的なそのタイプです。若い頃に偏頭痛で悩んでいたら、つれあいは「頭痛ってどういうものなの？」と。要は鈍感なんです。

一方の**私は、ちょっとしたことで痛みを感じるので、不調に早く気づくことができます。**

樋口　それだけ、ご自身の体調に敏感なんでしょうね。

下重　そうだと思います。小学校2、3年のときは結核で自宅療養してましたから。常に自分の体を観察していますし。

樋口　私は77歳のときに胸腹部大動脈瘤《だいどうみゃくりゅう》という大動脈が太くなり瘤《こぶ》のようになる病気に見舞われ、3個の瘤を人工血管に置き換える手術をしました。術後とにかく痛くて痛くて。あれは、正直つらかったです。恥ずかしながらお医者さんに「先生、痛い、痛い！　助けてくれぇ」などと泣きごとを言ってしまいました。

　退院してからも、しばらく痛みが続いて。ベッドに横になって「痛いよ～、痛いよ～」と声を出していたら、猫がそばに来て、ざらざらの舌で手をそっと舐めてくれました。

下重　頼もしい助《すけ》っ人《と》ですね。私の場合、猫は失恋の痛みを慰めてくれましたが（笑）。

樋口　猫は優秀ですものね。でも当時の痛みは、猫のかわいさを上回っていました。

下重

確かに手術は切るから痛いでしょうけど、小さな痛みも、それはそれで耐えがたいものです。

いつだったか、転んで膝をぶつけたことがあって。すごく痛かったので、ひょっとして膝のお皿が割れたかなと心配になって、すぐ病院に行きました。

レントゲンを撮っていろいろ検査をした結果、先生曰く「あなたの膝は丈夫です」（笑）。膝を褒められてもねぇ。

樋口

いやいや、膝は大事ですよ。私は50歳のとき、友人の家の外階段で足を踏み外して、ひどく右膝を強打。幸い膝蓋骨《しつがいこつ》は折れていませんでしたが、手術をするかしないかの境目くらいだ、と医師から言われて。結局、手術はしませんでした。

60代では、雪かき中に左膝をひねってしまい――。その両膝の古傷が、70をすぎた頃から痛むようになったんです。「古傷が痛む」という言葉がありますが、20年もたってから影響が出ることにびっくりしました。幸い、いい整形外科医と出会い、膝関節装具をつくりました。

下重

サポーターのようなものですか？

樋口　はい。**膝関節装具をつけて歩くと、膝に負担がかかりません。**でも、部分的に金属を使っているので、飛行機に乗る際は手荷物検査所でいちいち外さなくてはいけないんです。

下重　そのままゲートをくぐると、ピーッと鳴ってしまうのね。

樋口　はい。スカートめくって外すのは面倒だし、あるときなんか、外したまんま進んでしまい「ちょっとそこの方、お忘れ物！」と言われてしまい――思わず「てへっ」と笑って、恥ずかしさをごまかしました。

膝に痛みがあると、歩くのが億劫になり、ついタクシーに乗ってしまう。すると歩かないことで筋力が衰えて、ますます痛みが起きやすくなる。歳を重ねると、そんな負のスパイラルに陥りやすいようです。**50代以降は、けがや転倒には注意したほうがいい**ですよ。

下重　私も3年連続骨折してからは、電車の乗り降り、エスカレーターには注意してます。

手術をすると、10歳老ける。だけど若さを取り戻す方法はある

樋口　70代の頃の私は、本当に元気いっぱいで活動的でした。元気すぎて、まわりが呆れるほどだったと思います。ところが大動脈瘤の手術で2週間入院している間に、すっかり筋肉が落ちてしまったのです。しかも退院後も、痛いから横になる時間がけっこう長かったせいか、ますます筋力が低下。
　ついでに心肺機能も低下してしまいました。あれには正直、驚きました。

下重　ある程度の年齢になってから入院すると、あっという間に筋肉が落ちるといいますものね。それをきっかけに寝たきりになる人も多いとか。

樋口　調べてみたら、なんでも70代では10日間安静にして寝ていると10～15%、80代では約20%も下肢の筋力が低下するといった試算もあるようです。ということは、感覚的には、いっきに10歳くらい歳をとるようなものです。

下重

そんなに筋力が低下するんですね。それで樋口さん、退院後はどうされたの？

樋口

入院中に、退院後はリハビリに特化したデイサービスに行ったほうがいいとアドバイスされ、病院で働いている「医療ソーシャルワーカー」の方が、私が住んでいる地域の「地域包括支援センター」に連絡を入れておいてくれました。

医療ソーシャルワーカーは、病院において患者とその家族が抱える問題の解決を支援してくれる人のことです。地域包括支援センターは、その地域に住む高齢者のための介護、医療の総合相談窓口です。

おかげで退院後、地域包括支援センターとすぐにつながって介護認定を申請することができ、要支援1の認定を受けることができました。そして**介護保険を使って週に1度、デイサービスに通い、体操や器具を使ったリハビリを行いました。**半年くらい通って、だいぶよくなったので、卒業しましたが。

弱りきる前に体を動かしていてよかったと思います。

下重

高齢になってからの入院は、病気が治ったとしても、いろいろ影響が出かねない。とくに筋力低下に関しては、必ず起きると肝に銘じておいたほうがよさそうですね。

たとえばラジオ体操など、体を動かす癖をつける。車イスなどに座ったままでも、できるんですよ。私は5分間の「テレビ体操」（ＮＨＫ総合 毎週月曜〜金曜 13時55分〜14時）をできるだけ毎日やってます。

老人に「廃用《はいよう》」という言葉を使うな。「ヨタヘロ期」を強く推奨

樋口

多くの高齢者が「ピンピンコロリ」を理想としていると思います。でも、私自身がヨタヘロ期を経験し、なかなかそうはいかないものだと実感しました。

私が今年の6月まで理事長をつとめていた「高齢社会をよくする女性の会」の会員のみなさんのなかには、地域でいろいろな活動をしている方がいますが、その方たちが言うには、**ピンピンコロリで亡くなるのは10人のうち1人くらい**だそうです。

お仲間の一人春日キスヨさんが著書『百まで生きる覚悟』のなかで、「みんなピンピンコロリを理想としすぎている。**実際はヨタヨタ・ドタリ、寝たきりで往生《おうじょう》す**

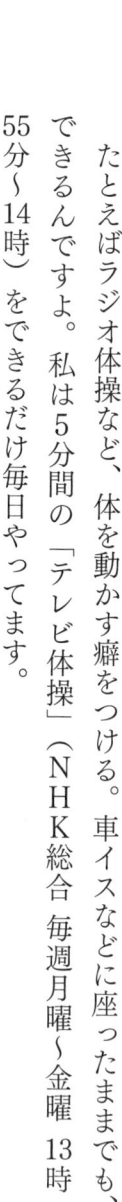

る人のほうが多い」と書いています。私は「ヨタヨタ」という言葉をいただき、「ヨタヘロ期」という言葉をつくりました。

下重

「ヨタヘロ期」？　ちょっともの悲しい響きはありますね（笑）。

樋口

加齢による筋力や身体機能の衰えをさす「サルコペニア」という言葉がありますが、難しくてわかりにくい。高齢者の運動機能や認知機能などが低下することを「フレイル」と言いますが、これもなんだかわかりづらい。

先ほどお話しした、入院などによる筋力低下は、正確には「廃用症候群」と言うそうですが、「廃用」なんて、なんだか感じ悪い字面《じづら》でしょう？

下重

「廃用」だなんて、失礼にも程がありますね。

樋口

そうなんです。「ヨタヘロ期」なら、わかりやすいでしょう。**10人のうち8人か9人は、ヨタヘロ期を経て亡くなる。ですから、ヨタヘロ期を人生の計画の中に入れておく必要があります。**

下重

私は今のところ、おかげさまでヨタヘロにはなってない。ただ、今のマンションに引っ越すとき、決め手のひとつとなったのが、段差がないことでした。ドアを開けると、玄関と廊下の段差がない。全体がフラットで、しかも廊下もわりと広いので、車イスになっても十分通れます。

日本人の感覚だと、玄関のたたきからちょっと段差があって家に入るほうが、カッコイイのよね。でも、私は段差がないことをメリットと捉えたんです。

樋口

そちらに引っ越されたのは、いつくらいですか?

下重

三十数年前です。都心のマンションが手狭になり、緑豊かな近くの低層マンションを見て決めました。たぶん終《つい》の棲家《すみか》です。そういう意味では先見の明があったというか。自分が元気なときは、樋口さんのおっしゃる「ヨタヘロ期」を経験することなんか想像しないで家を決めがちですから。

樋口

それはいい選択をされましたね。私は84歳のとき、家を建て替えざるをえなくなりました。その際、仕事場から直接、寝室やお風呂、お手洗いに行けるようにして。

私の居室は2階なので、小さい家庭用のエレベーターも導入しました。家庭用エレベーターはそれなりのお値段ですので、それこそ清水の舞台から飛び降りるくらいの覚悟でしたが。

「女性は12年も寝たきりになる」は本当？ 必要以上に不安にならない

下重

近年、「健康寿命を延ばそう」などとよく言われますよね。健康寿命って、そもそもなんですか？

樋口

「健康寿命」とはなんなのか、よく人から聞かれますが、私もなかなか正確には答えられませんでした。厚生労働省によると、「日常生活が制限されることなく生活できる期間」の平均年齢とのことです。ちなみに2023年に厚生労働省から発表された男性の平均寿命は81歳、女性は87歳。平均寿命から健康寿命を差し引いた年数、つまり**日常生活が制限される年数は、男性9年、女性12年**と言われています。

下重　女性は12年間も日常生活が制限された生活を送っているの？　本当かしら。世間一般には「寝たきり期間」なんて言われていますが、にわかには信じがたいですね。

樋口　おっしゃるように、なにをもってして健康寿命と言うのかが難しい。最近、高齢医療に詳しい医師の和田秀樹さんから、「健康寿命」というのはかなり曖昧なものだと聞きました。

　厚労省がいうところの「健康寿命」の算出はアンケートがもとになっているようで、全国から無作為で選ばれた男女に「あなたは現在、健康上の問題で日常生活になにか影響がありますか？」という質問をするそうです。

下重　ということは、**なにをもってして「日常生活に影響」と考えるかは、主観的であり、恣意的**なんですね。だいたい歳をとれば、どこかしらに支障は出てくるものです。

樋口　おっしゃる通り！「血圧が高めなので食事の際、塩分を控えている」とか「薬を飲んでいる」という方も、「日常生活に影響がある」と答える場合があるわけですから。

下重　まわりを見ても、日常生活を制限されている70代の女性はそんなにいない気がします。あまり言葉に踊らされて、不安にならなくてもいい、ということかもしれませんね。

樋口　定義が曖昧であっても、「健康寿命を延ばそう」という考え方自体は賛成です。私もそのために、さまざまな提言をしてきました。ただ、ほんのちょっとした不調でも「歳をとると病気ばかりしている」「あちこち衰えてつらい」と嘆いて落ち込む人もいれば、「多少、不調はあるけどまだまだ元気」と考える人もいる。感じ方は、人それぞれ。

下重　ある程度、高齢になると、まったく若い頃と同じというわけにはいきませんよね。**多少の不調があっても、それが老いるということですから、「まっ、そんなもんか」と受け入れたらいい**んじゃない？

樋口　そうですね。私は人前に出る際には、「ヨタヘロの姿をみなさまにお見せして、同

情をかっておりま〜す」などと元気よく言って、あえて老いの様相《ようそう》を晒《さら》しておりま
す（笑）。雑誌で老いの実況中継もしておりますし。高齢社会をよくするためにモ
ノ申してきた人間の責務として、老いの現実を余すところなくお見せし、実感に基
づく発言もしていこうと考えています。

下重

樋口さんにはぜひ、どんどん発信していただきたいです。私は人前に出るときは
「今88歳、絶対にそうは見えませんよね」とあいさつしています（笑）。

眠れないことのマイナスより、薬で眠ることを選んで40年

樋口

高齢になると、寝つきが悪くなる人も多いそうです。下重さんはいかがですか？

下重

私は昔から、寝つきが悪くて。不眠症と言ってもいいと思います。私は、たいがい
のことは「まぁ、しかたないか」と受け流せるし、一晩寝さえすればイヤなことも

忘れられるんです。ところが寝つくのがヘタというか——先日も2晩続けてほとんど眠れず、私の健康は、大谷翔平君と同じでよく寝ることが基本なので、まいりました！

樋口

2晩続けては、きついですね。

下重

使いものになりません。でも、睡眠導入剤は使っていません。**リラックス系の神経を活性化させる、穏やかな精神安定剤を飲む**ようにしています。というのも、昔ある外科医の先生が、「朝早く手術がある場合、前の晩に眠れないと困るので、この薬を飲んでいるんです」とおっしゃった。それを聞いて、「あっ、これは自分に合ってるかも」と思い、処方してもらいました。

　今までに何度か他の薬に変えたこともありますが、胃の不調を感じたり、なんか調子が変になったりするので、結局、元の薬に戻りました。やはりその薬が自分には合っているのだと思います。

樋口

何歳くらいから飲んでいるんですか？

下重
50歳をすぎてからです。

樋口
ということは、40年近く……。長期間飲み続けても、問題はないのかしら。

下重
本来、精神安定剤をあまり長期間飲み続けるのはよろしくないようですが、**眠れないことのマイナスを考えると、多少副作用があっても、私は眠れるほうを選びたい。**それに今のところ、とくに副作用は出ていないようです。
　お医者様と相談して、規定量の半分から始め、今は1錠。この間みたいに2日続けて眠れないなど特別なときは、2錠飲むこともあります。**おかげさまで88歳で仕事ができてますし、私には合っている**のだと思います。樋口さんは、眠れないなんてことはありますか？

樋口
ありがたいことに、コトンと寝ちゃいます。若い頃より、むしろ今のほうが、寝つきがいいですね。忙しさの極みでなにかとストレスが多い時期は、夜になっても脳が休まらず、夜中に目が冴えてしまうこともありました。そこでたま〜にですが、睡眠導入剤のお世話になったこともあります。

今は、同じベッドで寝てくれる猫が、なによりの睡眠導入剤です（笑）。撫《な》でていると気持ちよくて、あっという間に眠くなります。

下重

あらぁ～、今も猫を飼ってらっしゃるのね。うらやましい。私も昔は、獣医さんの家で飼い主を待っていた猫や、うちの近くでよろよろしていた猫と暮らしていましたが、その猫たちを看とった後は地域猫とつき合っています。猫は1匹ですか？

樋口

4匹です。そのうちの2匹はもう高齢なので、最期までつき合えそうだし、後の2匹は同居している娘が面倒を見てくれるでしょう。夜は、私のベッドの左右に1匹ずつ寝ていることもあれば、3匹ベッドにやってくることも。冬なんか、あったかいですよ～。

ただ寝ている間に猫に遠慮してしまい、ベッドから落ちてしまったことがあって。

下重

私も同じ経験があります。だんだん押してくるのよね。

樋口

今は介護保険でベッドに手すりをつけ、それが柵がわりになっているので安心です。

インプラントは気が進まない。差し歯でけっこう

下重 ところで樋口さん、歯の具合はいかがですか？

樋口 私は歯が丈夫で、80歳で20本自分の歯を残そうという8020運動はらくらくクリア。ブリッジが2カ所ありましたが、それ以外は自分の歯でした。

下重 すごい！

樋口 もともと、歯が丈夫なんでしょうね。小学生の頃、虫歯がないことで表彰されましたから。

下重 うちの母親の系統は、歯や爪、髪の毛が丈夫なの。そのせいか、私も歯は丈夫だったのに、70代に入ったら歯がボロボロ取れだしして。夏、軽井沢でトウモロコシにがぶりと食らいついた瞬間、前歯が取れてしまったのが始まりでした。その翌年にも1本抜けたし。とはいえ、今は88歳で17本。まあまあかな？

樋口　私も歯が丈夫なことがちょっとした自慢だったのに、90を境に、さすがにガタが来ました。3本ダメになり、目下、歯科に通っています。

下重　歯科医に通うのは、なかなか面倒ですよね。1本治療するのも、なかなか1回ですまないので、何回も行かなくてはいけないでしょう。

樋口　そうそう。けっこう時間をとられます。下重さんは、抜けた歯はインプラントにされているの？

下重　いいえ、差し歯にしています。インプラントをすすめる歯科医も多いけれど、まだ新しい技術でしょう。どうも気が進まなくて。**根は残して被《かぶ》せる方法で治療してもらっています。**

樋口　私もインプラントは遠慮しています。年齢とともに下あごの骨も衰えていきそうだし、そんなときインプラントが入っていたらどうなるんだろうと想像すると、ちょっと怖い。歯科医には、非科学的と言われるかもしれませんが。

下重

どんな治療法を選ぶかは人それぞれだし、相性もあるでしょう。**私はインプラントをすすめる歯科医より、「なるべく抜かないように」「自分の歯で食べてください」と言う医師のほうが、信用できる。**

それに、まだまだ高価でしょう。それも躊躇《ちゅうちょ》する理由のひとつです。本当に必要なものなら、お金をかけざるをえないけれど、できればお金は自分の楽しみのために使いたいので。

目薬ひとつで全身が硬直することも。外用剤を甘くみないで！

樋口

私は88歳で白内障の手術をしましたが、なんでも**白内障になる確率は、50代では40〜50％、60代で70〜80％、70代で80〜90％、80歳以上の場合はほぼ１００％**だそうです。ですからこれも、老化の自然な表れなんでしょうね。

下重　私は今のところ、大丈夫みたいです。手術をして、いかがでしたか？

樋口　ばっちりです！　はっきりモノが見えるようになりました。

下重　老眼はいかがでしょう。

樋口　私は近眼だったせいか、老眼はあまり進まず、幸いなことに今でもメガネなしで新聞を読めます。

下重　私も新聞や本を読むときは裸眼で平気。テレビや映画を見るときは、近眼や乱視用メガネをかけてます。ただ、ドライアイがひどくて。目薬が手放せません。

樋口　年齢とともに、どうしてもドライアイの傾向になるようですね。

下重　目薬といえば、こんなこともありました。2年前のことですが、軽井沢に滞在中、目の具合が悪くなり、なんとなく目のまわりが熱を持っている感じがして。
　そこで、今まで行ったことのない眼科に駆け込んだら、3種類の点眼薬が処方されて、弱い薬から順番に試すようにと言われました。まず一番弱いものをさしたら、涙と変わらない成分らしく、なんの変化もない。そこで**次に弱い薬をさした途端、気分が悪くなって手足がちょっと麻痺した感じになり、全身が硬直したみたいになったんです。**

樋口　えぇ〜っ！　目薬でそんなふうになることもあるんですか？

下重　私の体質に合わなかったんでしょうね。**たとえ目薬でも、薬である以上、副作用が起きる可能性があるんだと認識しました。**

樋口　怖いですね。

下重　その日は仕事があったので、翌日、再度その医者を訪れたところ、「副作用を抑える薬を出しましょう」と言われました。なぜ副作用が起きたのか。その説明もないし、原因も究明されないまま、また薬を出す。冗談じゃないと思いました。
でも、そこで喧嘩しても大人気ないので、とりあえず処方された薬を持って帰りました。当然、使わなかったけど。私はなにが起こったかが知りたかった……。

樋口　それで、目の具合は？

下重　目薬をさした日は症状が改善されず、夜の寝つきも悪い。そうしたらふと、友人が「目の具合が悪いときは水で洗うのがいい」と言っていたのを思い出して。
　ベッドから出て目を洗ったら、不思議なことにすーっとよくなったんです。

樋口　眼科で最初に目薬を3種類出されたとき、医者はもっと詳しく説明してくれてもよさそうなものですが。

下重　そうなの。普段行っている眼科ではなかったので、私も遠慮していたのかもしれません。**患者は医者に命を預けているわけですから、ちょっとでも「あれ、大丈夫かな」と不安を覚えたら、疑問をぶつけるなり、病院を変えるほうがいい**と思います。

最近の補聴器は性能高し。ただし値段も高し

樋口

老眼や白内障などは比較的自覚症状があるので、自分でも気づきやすい。ところが聴覚は、聞こえなかったことはなかったことになりがちなので、目に比べると衰えがわかりにくい気がします。

下重

私は今のところ、耳は大丈夫みたい。以前は健康診断で、聞こえすぎて疲れませんか？　と言われました。ただ、若い女性編集者は、ハイトーンで早口の人が多いでしょう。やはりちょっと聞き取りづらい。

樋口

低い声でボソボソと話す男の人の声も、聞き取りにくいですよね。そんなわけで、私も90歳のとき、ついに補聴器をつくりました。理由は、病院でのちょっとしたできごとがきっかけでした。

下重

どういうことですか？

樋口

ヨタヘロ期まっしぐら、一人で外出するのは心もとないので助手に同行してもらい、診察室にも一緒に入ったら、**お医者さんが患者である私ではなく、私の頭越しに助手に向かって話すんです。**どうやら私が、耳が遠いせいでとんちんかんな会話をしてしまったらしく——認知症を疑って「コイツと話してもしょうがない」と思われたのかもしれません。

下重

そういう態度そのものがショックですね。

樋口

助手からは、「聞き取れなかったら何度でも聞き直したらいいんです。そうしたら、先生も大きな声で説明してくれるだろうし、聞こえないのに適当な返事をしてはダメです」と叱られました。

私のまわりでも、子どもについてきてもらったら、お医者さんが子どもに向かって話して自分に話そうとしないと、ご機嫌斜めの方が少なくありません。**付き添いの方も、「先生、本人に言っていただけますか？」と、ひとこと言ってほしい**ですね。

下重

当事者に向かって話さないというのは、やはりちょっと失礼だと思います。日本はどうも、医者を「先生」と呼んでエラいという感じがあって、患者はなかなかモノ申せない。自分の体の主体は自分なのに。

樋口

ただ私の場合、耳が遠いのを放置していた自分も悪かったんです。でも、耳が遠いのを認めるのがイヤなのが、年寄りというものです（笑）。

なので「患者は私だ」と、心の中でぶつぶつ。でもまぁ、そんなわけで補聴器をつくった次第です。

下重

使い心地はいかがですか？

樋口

最近の補聴器はとても性能がいいんですね。使っていて、不快感がありません。おかげでこの対談も、あまり苦労がありません。でも性能が優れているものは、やはりお高い。20万円以上しました。

なんでも、**もう少し安価なものは雑音も一緒に大きな音になるので、使っていて不快感がある**と聞いて。そのため、**せっかく補聴器をつくっても、使わなくなる人**

もいるそうです。

そこで奮発したわけですが、かなりの出費でした。老いにともなう衰えを補うため、補聴器、膝関節装具、老眼鏡、入れ歯など、さまざまな道具が必要になるのが〝老年期〟。こうした出費はあなどれません。

下重

私の知人でも、歯のインプラントで何百万円もかかった、という人もいます。

樋口

わっ！　それは高い！　道具に加えて、医療費や介護費用もかかるようになります。
つくづく、歳をとるとお金がかかると実感しました。

下重

そういえば旅行ジャーナリストだった兼高《かねたか》かおるさんは私の先代の日本旅行作家協会の会長だったので、お話しする機会がけっこう多かったんです。ずっと都心で一人暮らしをされていたけれど、最後の最後に、ご自宅の近くにできた有料老人ホームにお入りになって、そこで90歳で亡くなられました。

あるとき、会合の後で兼高さんをそのホームまでお送りしたら、別れ際に「あなた、お金を大事になさいね」とひとことおっしゃった。「どうしてですか？」と聞いたら、**「歳をとると、いろいろなことが自分でできなくなるの。そうしたら、人様に頼まなければいけないでしょう。そのたびに、お金がかかるの。だから、お金は大事になさいね」**と。それが私に対する遺言でした。

樋口

兼高さんがおっしゃることは真実です。

下重

ある程度、お金がかかることを織り込んで生活していかなくてはならないということですね。

老いの様相は十人十色。個性があって面白い

樋口

自分の経験やまわりの方々の様子を見て、老いの表れ方はひじょうに個人差があると、改めて感じるようになりました。**私の場合、目と歯が衰えるのは比較的遅かったけれど、足腰が弱るのは早かった。**

人によっては耳が聞こえづらくなるし、目が不自由になる人もいる。また病気の後遺症で歩行が困難になったり、手が不自由になる人もいます。そのように、**老いには多様性がある**わけです。

下重　確かに人によって、どこから弱っていくかは違いますね。私の場合、先ほどもお話ししたように、3年連続の骨折は、やはり老いの表れだと思います。

樋口　そういえば、こんなことがありました。わりと頻繁に電話でおしゃべりをしていた友人が、あるとき「樋口さん、お願いがあるんだけど。これからは、できましたら手紙でやりとりしたいの」とおっしゃるんです。

下重　手紙は面倒そうだけど、その方は、電話のほうが面倒なのかしら。

樋口　いえいえ、そうではないの。電話だと、声がよく聞こえないとおっしゃる。それが、どうしてもストレスになる、と。もしかしたら、補聴器が合っていないのかもしれません。

一方で、筆まめでよく絵葉書を送ってくださった方が、「これからはときどき、電話でおしゃべりしてもいいかしら」と言ってきた。なんでも病気の後遺症で右手がうまく使えなくなり、筆やペンを落としてしまうそうです。

下重

人によって、快適なコミュニケーションの手段が異なるということですね。

100歳になられた佐藤愛子さんは、先日「電話が一番言葉を聞きとれるから好き」とおっしゃいました。「だから電話をください」と。

樋口

「老い」は、どんな人にも平等に訪れるけど、その表れ方は一人ひとり違う。「多様性」と「個性」があります。ですから行政も公共サービスも、老い方は実に人それぞれで個性があるものだということを前提に、対応していく必要がある。私は日々の実感をもとに、そう提言し続けています。

第2章

女性は75歳が
老いの分かれ目

75歳をすぎたら、病気が続々と現れる！
89歳でがんの手術を初体験

樋口

女性の体の節目については、私自身の経験からすると75歳くらいです。

下重

確かに私も75歳は、節目だった気がします。ただ、そのときに体を甘やかすことなく、手を抜くことなく仕事をしてきました。

一方で、**75歳を境に衰えを感じて外出を控えたりと行動の範囲を狭くした人は、急速に元気がなくなっていった**気がします。その意味でも、女性は75歳が老いの分かれ目のように思えます。

樋口

私の場合、75歳をすぎたあたりから、足腰が弱るといった衰えだけではなく、不調もいろいろ出てきました。まず77歳のとき、胸腹部大動脈瘤で手術をし、89歳で乳がんの摘出手術を受けています。やはり**75をすぎると、医療のお世話になることがぐんと増えます。**

下重 乳がんは、検診で発見されたんですか？

樋口 いいえ。お風呂上がりにたまたま鏡に体を映してみたら、左の乳房が右より少し大きな気がして。触ってみたら、軽いしこりがありました。

娘が医師なので、呼んで触ってもらったら、「あるねぇ」。病院で診察を受け、乳がんだと診断されました。自分でも思いがけなかったのですが、ちょっとうろたえました。

下重 何歳になっても、病気を宣告されるのはイヤですものね。

樋口 そのときの心境を正確に言うと**「えっ、これで人生おしまい？ つまんないのォ」という感じでした。やっぱり、この世を生きるのは面白いですから。**

でもまぁ、ちょっとした動揺は3、4日でおさまりました。「しかたない、たとえこれで死んだとしても、死は誰にでも訪れるものだから」と。

下重 がんと診断されたのは90歳目前だったわけですよね。その年齢だと、がんの進行も遅いでしょうし、手術をしないという選択もありえるんでしょうか。

樋口　正直、私も迷いました。幸い、がんの性質はおとなしいようで、急激に拡大することはなさそうということでしたし、がんが大きくなる前に私自身の寿命が尽きるのではないか、と。でも、結果的に手術を受けることにしました。

下重　前向きな決断をされたわけですね。

樋口　医師は気軽に「100歳でのがんの手術もある」とおっしゃいました。とはいえ、全身麻酔に耐えるには、少しでも若いほうがいいのは事実だそうです。

下重　そうでしょうね。

樋口　手術が決まると、まず歯科にまわされました。**なんでも全身麻酔をかけたとき、根が緩んだ歯があると、すべり落ちて気管や気道をふさぐことがある**そうです。そのため治療をするか、場合によっては抜歯する必要があると言われました。

幸い、抜歯はしないですみましたが。やはり高齢になってからの手術は、やっかいなことも多いようです。

下重

術後の回復も、若い人より速度はゆっくりでしょうしね。

樋口

入院している間に筋力が落ちてしまうことは、予想がついていました。ですが想定外だったのは、**手術をしたという事実から気持ちが回復するのにも、やや時間がかかった**ことです。もしかしたら、体自身がびっくりしたのかもしれません。

また、毎日フル回転の忙しさだと、気持ちが紛れるというか、手術のことを考えているヒマがないのでしょうが、最近は以前ほどは忙しくないですから。

無為というのは、なかなかやっかいなものです。**考える時間が山ほどあると、考えなくていいことまで考えてしまう。**それでも私は、世間の90代よりは忙しくしていると思います。それが、どれほど恵まれていることか。つくづく実感しました。

下重

わかります。**私も仕事でごまかしていることがどのくらいあるか……。**

こうして今もお元気にされているということは、手術はうまくいったわけですね。

樋口

はい。ホルモン療法は1年でおしまい。若い方だと5年くらい薬を飲むそうですが、私の場合はもう解放されました。

75歳の次の節目は85歳。「迷ったら、やる」ほうを選ぶ

下重

私には、ずっと尊敬してきた叔母がいます。叔母といっても叔父の妻ですから、血はつながっていません。その世代で東京農業大学の一期生。自分で仕事をするという意識が高かったのでしょう。卒業後は「家の光」という雑誌の編集者として、活躍してきました。とても美しく、もちろん結婚しても仕事を続けた。私にとって憧れでもあり、目標でもあったのです。

樋口

身近に、働く女性のロールモデルがいらしたのね。

下重

はい。私に対して、「いろいろな仕事をしているようだけど、暁子さん、そんなにあれこれ手を出してはダメ。地味でもいいからライフワークを見つけるのよ」と、的確なアドバイスをくれた人でもあります。

その叔母があるとき、「暁子さん、85歳をすぎたら、体が見事に変わるわよ。疲れ方が違うの」と言った。85歳までは講演に呼ばれたり、活躍していたけれど、そ

れがもうできなくなった、と。

90ちょっとまで生きて、秋のスーパームーンの日に、まるで月に還《かえ》るかぐや姫のようにお迎えがきて亡くなりました。

樋口

85歳をすぎたら体が変わるというのは、私も実感しています。

下重

私は今88ですが、老いの節目を最初に感じた75歳を越え、10年経て85をすぎた頃から、ひとつの仕事が終わると、がっくり疲れます。仕事は好きですし、頭の中では昔と同じように仕事ができているんです。スケジュール表を見ながら「1日に2つ3つ予定を入れても、どうということない」と思ったりもしますし。ずっとそうしていましたから。
ところが**今は1日に複数の予定を入れてしまうと、次の日ががっくりきて、ずっとベッドで横になっていなきゃならない。**これは、以前にはなかったことです。

樋口

どこまでなら多少無理しても大丈夫か、頃合いを見定めるのは難しいですね。無理をすると、後でがっくりくるから、自分なりのペースをつかまないと。

下重

はい、ですからちょっと疲れたかなと思ったら、なるべく無理はしないようにしています。

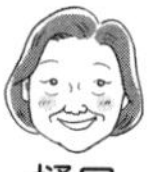

樋口

私もいまや、壇上で1時間講演するだけの体力や気力がありません。85歳まではなんということもなかったし、「今日は大演説します！」なんて宣言して、滔々《とうとう》としゃべり続けていたのに……。

ご覧の通り、声も以前に比べてずいぶん弱々しくなってきました。腹に力が入らないし、肺も声帯も衰えてきたんでしょう。

下重

私は声帯はなぜか丈夫なので、昔取った杵柄《きねづか》かもしれません。人生において無駄なことはない、とつくづく思いますね。

一方で**85をすぎると、75の頃より、さらに無理ができなくなりますが、それでもなるべく体を動かすようにして甘やかさないようにすると、乗り越えられる。**もちろん、それで万事うまくいくわけではないですが、**「迷ったら、やる」ほうを選ぶと、適度に体も動かせて、一石二鳥になる**気がします。

自分を〝長持ち〟させるための必殺技。それが「鍼灸」

下重
私は、今はできるだけ自分を〝長持ち〟させたいと思っています。長生きしたいわけじゃないのよ。長持ちさせたいの。

樋口
長持ち！　面白い発想ですね。

下重
ずっと仕事をして生きてきた人間ですから、ただ命が長らえているだけでは、イヤなの。できる限り、仕事を続けたい。そのために私はなるべく病気にならないよう、体のお手入れをしています。

養生法としては、月に2回、信頼できる中国人鍼灸師《しんきゅうし》のもとで鍼《はり》やお灸《きゅう》をしています。

樋口
すばらしい心がけ！

下重
鍼灸に通うようになってもう30年ほどになりますが、**体に変調があっても、病気に**

なる前に対処できるので、病気にかかりにくい気がします。つまり〝未病〟段階で、体を整えられる。そして、免疫力も高まる。鍼灸で免疫が高まることは医学的にも証明されているようですし、私にも合っているんだと思います。

樋口

〝未病〟というのは、東洋医学の大事な考え方ですね。

下重

なんでも、2000年ほど前の中国の医学書『黄帝内経《こうていだいけい》』に、すでに書かれているらしいですよ。

樋口

へぇ〜っ!

下重

唐代に書かれた本には、「上医は未病の病を医《いや》し、中医は病まんと欲する病を医し、下医は既に病むのを医す」と書いてあるそうです。つまり、本当にすぐれた医師は、病気になる前、つまり「未病」のうちに病気を治す、と。

鍼灸で体質改善もできるみたいで、昔は胃下垂《いかすい》でいくら食べても太れなかったけれど、胃下垂も治りました。そうしたら以前は苦手だったコーヒーやカレーといった刺激がある食べ物も、食べられるようになったんです。

樋口　鍼とお灸だけで体質が変わったんですか？

下重　吸玉《すいだま》もやります。

樋口　吸玉？

下重　ガラスの玉の中を火を使うことで真空状態にして、それを背中などに貼り付けて、しばらく置いておくんです。ドロドロした瘀血《おけつ》がたまっている状態で血行が悪かったり、こりがあると、内出血のような赤紫の跡がけっこうつく。でも私はわりと、跡がつかない。あまり悪いところがないんでしょうね。ところが肩を痛めたときは、見事に赤紫の跡がつきました。

樋口　うわ～、その跡を見た人は「DVをされている！」と思ったりして（笑）。ところで下重さんは、原稿は手書きですか？

下重　はい、手書きです。

樋口

じゃあ、肩がこりますよね。私も毎日のように原稿を書きまくっていた50から60歳くらいまでは肩こりがひどかったので、鍼に通っていましたが、その先生が引っ越しをされたのを機に、縁が切れてしまいました。

　通うのに便利な場所でないと、なかなか続きませんね。とくに年齢が高くなればなるほど、遠くまで通うのはしんどくなる。

下重

確かにそうですね。私の場合、その鍼灸師の先生から教わった生活習慣も、免疫力を上げるのに役立っている気がします。

　先生曰く**「日本人は冷たいものを飲みすぎる。体を温めるように」**と。冷たい飲み物で体を冷やすと、免疫力が下がる、と。**とくに高齢者には、冷たいものは大敵**だそうです。

　そこで私は、冷たい飲み物を飲むのをやめたんです。夏も常温の飲み物しか飲まないし、レストランでも、お冷《ひ》やには氷を入れないようにお願いします。

樋口

私も歳とともに、冷たい飲み物が苦手になりました。それは体にとって、自然なことなんですね。

「運動したくない」気持ちをどうコントロールするか

下重

物書きは運動不足になりやすいので、散歩も毎日しています。どんなに原稿の締め切りが迫っていても、**1日に1回は外気に触れる。そして最低でも15分、季節がよくてそう忙しくない時期は、小一時間歩きます。**そうすると、頭がすっきりするんです。

行先は決めず、足の向くまま、気の向くまま。1日のうちに同じ道はなるべく通らない。行きと帰りは、違う道を通ります。必ず小径《こみち》に入り、横丁を抜けて。「ハナミズキが咲いた」「もうアジサイが咲き始めた」「キンモクセイがいい香り」などと季節の移り変わりも感じられて楽しいし、心が解放されます。

それに太陽の光に当たることでセロトニンが出るから、幸せ気分になる。しかもうちの近所は坂が多く、アップダウンがあるので、結果的にけっこう足腰のトレーニングになっていると思います。

樋口

えらい！

下重

なんでも、坂は登るより、下るときのほうが筋肉によくきくそうです。確かに下りのほうが、脚のコントロールが難しい。人生も下り坂が大事だそうで……。

樋口

私は常にバタバタ忙しい生活をしてきたので、用事があって出かけるためには歩くけど、歩くためだけに歩く、ということはしてきませんでした。その差は大きいかもしれません。

ヨタヘロになって慌てて月に2回、トレーナーさんに家に来てもらうようになりましたが、衰える速度に追いつきません。高齢者の生き方についてあれだけ発信しておきながら、自分自身の養生に関してはちょっとお粗末だったかなと、遅まきながら反省しております。

ジムではがんばりすぎない。マッサージだけでもいい

下重　バレエをやめてからは、ウォーキングだけでは運動量が足りないと思い、20年ほど前にジムに通い始めました。今も週に1、2回通っています。

樋口　すばらしい心がけ！

下重　といっても、マシーンを使って体をモリモリに鍛えるわけではありませんよ。ストレッチを中心に、少し体を動かして、お風呂も使い、ときにはマッサージをしてもらったりもします。**ジムに行くと人目もあるので、ボーッとしてるわけにもいかないから、なにかしら体を動かす。**これが意外にいいんじゃないかと思っています。

樋口　定期的にジムに通うのは健康のためによさそうだけど、男の方のなかには、ちょっぴり無理している自分がカッコイイ、みたいに思っている人もいるようですね。

下重　そうそう。ランニングマシーンで走っていても、隣の人が気になるみたいだし、見栄を張りたくなるんでしょうね。少し速度を上げてみたりして（笑）。
　高齢者で重いバーベルを上げている人もいますが、力を入れようと歯を食いしば

ったら、歯が折れてしまった人がいると聞いたことがあります。

樋口

それじゃあ、本末転倒よねぇ（笑）。なにごとも「すぎたるは及ばざるがごとし」……。

下重

熱心にジム通いをするなど運動を欠かさない人が、かえって早死にする例も多いと言いますが、これは運動が義務になり、やらないとストレスがたまるからのような気がしています。ほどほどが一番だと思います。

専門外の医師が病気を見つけることもある

下重

私はけっこう、自分の体を観察するほうですが、やっぱり専門家でないとわからないこともあるんですね。私は若い頃からずっと、偏頭痛持ちでした。朝、起きると「あぁ、今日は頭が痛くなるな」と予兆を感じるんです。

アナウンサーをやっていた20～40代は、とくにひどくて。当時はけっこう酒飲みだったので、お酒のせいかな、とも思っていました。アナウンサーは人前に出る仕事ですし、頭が痛いからといって顔をしかめるわけにもいかない。ですから、頻繁に鎮痛剤のお世話になっていました。

樋口　偏頭痛ということは、どちらか片方が痛くなるわけですよね。

下重　はい。それが、日によってどちらが痛くなるかが違うんです。左の頭が痛いときは、なんか左半身全体が不快な感じ。まぁ、どちらかというと左が痛むことが多かったかな。

50歳の頃、行きつけの歯科医が、血管がいっぱい浮き出ている私の手を見て「あなた、もしかしたら高血圧かもしれませんよ」と言ったんです。

樋口　へぇ、歯科医の先生が？

下重　そうなんです。そして、**「入院して、1日の血圧の変化をきちんと調べてもらうほうがいい」**と助言してくれたんです。

私はわりと華奢《きゃしゃ》な体つきですし、ずっと自分は低血圧だと思っていました。実際それまで血圧を測る機会があっても、とくに高くはなかったんです。でも信頼していた先生のアドバイスですし、いい機会だと思って検査入院をしました。

数時間おきに血圧を測ったら、**昼間は落ち着いているけれど、明け方にかけて血圧が高くなることが判明。素人は時間帯によって血圧が変わるなんてこと、知りませんから。**そして、降圧剤を飲み始めたら、偏頭痛がピタッと止まりました。

樋口

すごいですね。その歯医者さん、名医だ！

下重

そのおかげで今も仕事ができてるんです。あのまま強い鎮痛剤を飲み続けていたら、どうなっていたか。今も、寝る前には血圧の薬を飲んでいます。

樋口

私も降圧剤は飲んでいます。それと、食欲が落ちて食事があまりとれない時期があってからは、食欲を増進させる薬も飲んでいます。まぁ、ある程度の年齢になったら、なにかしら薬のご厄介になる人が多いのかもしれません。

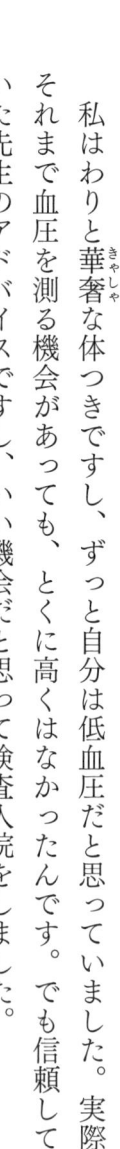

サプリを飲まない人のほうが元気？

下重

私も薬のお世話にはなっていますが、サプリメントの類は飲んでいません。**個人的には、サプリメントはあまり役に立たないと思っている**からです。医師が処方する薬とは違い、薬効成分はごく微量でしょう。だからみなさん、気軽に摂取するのだと思います。

でも薬にならないからといって毒にもならないかと言うと、そうとも言えないみたいで……。「紅麹《べにこうじ》コレステヘルプ」で腎障害を発症した人が報道されましたが、死者まで出たことは本当に驚きました。

樋口

健康のためと思って摂取していたのに、逆に健康を害していたとすれば、それこそ本末転倒です。

下重

体にいいからとすすめられるがままに、いろんなサプリをとっていた人にとっては、本当に効果があるのか、吟味《ぎんみ》するきっかけにはなったでしょう。

というのも、まわりを見ていて、なにかしらサプリメントをとり始めると、「あ

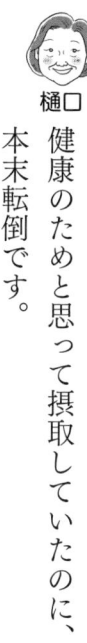

れもこれも」と種類がさらに増えていく人が多いからです。そんなに何種類も飲んで問題はないんだろうかと、他人《ひと》事《ごと》ながら心配になります。

樋口

CMも多いし、新聞の折り込み広告もよく入りますものね。なんとなく健康への不安があると、つい目がいってしまうのでしょう。

下重

薬を服用している人は、飲み合わせによっては、かえって体に悪い場合もあるようです。

たとえば聞いたところによると、クロレラや青汁などはビタミンKが多く含まれているため、脳梗塞《のうこうそく》などの発症予防となる血液凝固防止剤の作用を阻害することもあるとか。高齢者がよく摂取しているカルシウムのサプリは、骨粗鬆症薬と相性が悪い場合もあるようです。

まぁ私は、サプリメントを飲むより、自分に合った養生法を取り入れるほうを選んでいるし、それで十分だと思っています。

樋口

私もサプリメントは飲んでいませんが、低栄養が判明してからは、一時期、医師の助言に従って栄養補助ゼリーを食べていました。

シルバー人材センターの方にお願いするなどして食生活の改善を図るとともに、栄養補助ゼリーの力も借りて、低栄養から脱出できて、ほっとしています。

耳鳴りを気にすると、きりがない

下重　医師選びや薬、普段の養生法など、やっぱり合う合わないがあると思います。自分の体なんだから、**自分の体に合ってるかどうか、自分の体を観察して、異変がないかをチェックしないと。**

樋口　体の持ち主は自分なんだし、体の主人公は自分ですものね。

下重　そうです。だから、自分の体への〝勘〟を研ぎ澄ませておくことは大切ですね。
一方で、あまり神経質になるのもよくない。ある程度の年齢になったら、ちょっ

とした不調は当たり前。いちいち気にしていたら、うつになりそうです。
たとえば私は、よく耳鳴りがするんです。

樋口　いつ頃からですか？

下重　50歳くらいからだったと思います。でも、耳鳴りは短時間で終わるんです。だから、気にしない。私たちのように仕事をしている人間は、ずっと耳鳴りにつき合っているわけにはいかないでしょう。そんなヒマはないもの。仕事に気を向けていると、耳鳴りのことなんか、忘れてしまいます。

樋口　そうそう。だから、繰り返すようですが、やることがある、やることをつくる、というのはとても重要だと思います。楽しい習い事や趣味、ボランティアなど、なんでもいいんです。
なにかに夢中になっていると、小さな痛みや不調は忘れてしまいます。そのうえで、本当に気にしなくてはいけない不調には敏感になる。まぁ、言葉にすると簡単なんですけどね。

人間ドックは受けない。自分の体の主治医は「自分」

下重

私は、人間ドックは受けない主義。区から届く健診の案内も見ないふりをしてますし、あまり褒められたことではないかもしれないけれど、乳がん検査のマンモグラフィーも受けたことがないんです。樋口さんは、どうしてますか？

樋口

大学で教職についていた50代の頃は、定期健診を受けなさいというすすめもあったので受けたりしていましたが、それ以降はほとんど受けていません。

以前、和田秀樹さんと対談した際、**80をすぎたら健診や人間ドックは受けなくてもいい**とおっしゃってました。いろいろな数値など〝知らぬが仏〟だからって（笑）。それを聞いて、安心しました。

下重

まぁ、80すぎたら、調べたらきっとなにかしら出てくるでしょうしね。要は、それが老化ということですから。だから、あえてそれを暴き出す必要もないし、本当に具合が悪くなったり違和感を抱いたら、医者に行けばいい。私はそう考えています。
以前、聖路加国際病院の日野原重明先生とご一緒に車で講演会に行くとき、日野原先生も「健診はあまり受けない」と言われました。
ただ60歳をすぎてからは、年に1回、誕生日の近くに、日本赤十字社医療センターで簡単な血液検査と検便はしています。誕生日を目安にしていると忘れにくいし、日赤は家の近くにあるので、近場が一番と思って。

樋口 それは鉄則。近場が一番！

下重 昨年、検便でわずかに潜血《せんけつ》が見つかったけど、認めたくなくて（笑）。再度検査してもらったら、やっぱり潜血反応が出たの。それでしかたなく、大腸の内視鏡検査を受けることにしました。
そうしたらポリープが見つかったので、内視鏡で取り除くことになったんです。あれ、腸の内部が映っている画面を見ることができるので、けっこう面白いのよ。

樋口 どんなふうに？

下重　大腸の中がピンク色できれいなのよ。ピカピカ光っている。

樋口　そこで「あら、私ってなんてきれいなの！」と思ったのね。

下重　そうなの。本当にきれいだな、と思いました。ところがポリープのところだけ、汚いの。なるほど、と納得しました。「先生、どこを取るんですか？」とか、いちいち質問するので、先生も看護師さんもちょっと困っていたけど（笑）。
　私がしゃべりすぎるから、「あなたみたいな人は珍しいですね。みんな、無言で真剣な表情ですよ」と言われて。私、真剣じゃないように見えたのかしら。

樋口　自分の腸の内部を見るのが初めてだったら、質問したくなる気持ちもわからなくもないですが……。

下重　私はたいがいのことは面白がる性質《たち》みたい。それに自分の腸の中を見る機会なんて、滅多にないじゃない。

樋口　ポリープを取り除くとき、痛みはあるんですか？

下重

ちょっと違和感はあるけど、痛くはなかったです。ただ、前日の準備がとにかく大変でした。**食事は制限されるし、2リットル近くの水みたいな下剤を飲んで、腸の中のものを全部出す作業に辟易《へきえき》しました。**

　その飲まなきゃいけない下剤には風味づけがしてあるものの、とにかくまずい。しかも、何度もトイレに駆け込まないといけない。あんな思いはもうしたくないから、内視鏡検査なんて二度と受けるものか！　と心に誓いました。

樋口

でも、検査に引っかかったら、病院はまた内視鏡検査を受けさせようとするんじゃない？

下重

実は数カ月前にちょっとだけ下血し、内視鏡検査の勧誘を受けたところです。「主治医と相談します」と返事を引き延ばしていたタイミングで、検便を含む検査をひととおりしました。検便は2日分ですが、なにもひっかからず、胸をなでおろしたところです。

　ちなみにポリープを切除したとき、医者は「放っておいたら、がんになりかねなかった。いいタイミングでした」とおっしゃるんですけど、私はあんまり信用していません（笑）。

樋口　ご自分の〝勘〟のほうを信じているのね。

下重　はい。非科学的と言われそうですが――。そういえば5、6年前だったか、血液検査でなにかよくない数値が出たのか、再検査するようにと言われて。

　でも、何カ月も行かなかった。気にしていないわけじゃないんですよ。再検査して決定的なことを言われたらイヤだな、という気持ちもあったんでしょうね。

　それと、自分でなんとなく自分の体のことはわかるから。なにも症状がないのに、再検査に行きたくなかった。翌年の血液検査ではなんともなかったので、やっぱり自分の勘が当たっていたのかな、と思います。

笑顔でいるだけで、顔のシワやたるみは消える

下重　ところで樋口さん、90をすぎているとは思えないくらい、お肌の色艶《いろつや》がいいですね。

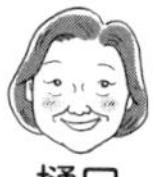
樋口　そうですか？　驚くほど、なにもしていないんですけどね。まぁ、自慢するようなことではありませんが。

下重　私もこれといって、特別なお肌の手入れはしていません。ずぼらと言ってもいいほどです。私がテレビに出始めた頃のメイクの方――当時は「お化粧さん」と呼ばれていましたが――で、その世界のレジェンドみたいな男性と、4、5年前に久しぶりに再会しまして。彼がすすめてくれた、東大で研究中とかいう化粧水を、毎日お風呂上がりにつけているだけです。たぶん、私に合っていたんだと思います。
　昔は顔のマッサージがいいなどと言われていましたが、最近は、物理的な刺激は与えないほうがいい、とも言われているようですし。なにごとも、手抜きくらいがちょうどいいんじゃないかしら。

樋口

私も、そう自分に言い訳をしております。

下重

そういえば作家の五木寛之さんは、髪の毛はシャンプーを使わずお湯で洗うだけ、とおっしゃっていました。ふさふさした美しい白髪は、最近の言葉でいうところの「湯シャン」のおかげなのかもしれませんね。ごく最近は薄くなったので、むしろぴったりした帽子をかぶってイメージチェンジをされましたが。

樋口

知人で、老眼になるとピントが合わなくてメイクがしにくくて困る、と言っている人がいました。それで、拡大できる鏡を使うようにしてるって。

下重

裏表に鏡がついていて、片面が拡大できるようになっている鏡、ありますよね。

でも、わざわざ拡大してシワやシミを見たところでしょうがない。「見ぬもの清《きよ》し」の精神で、メイクは適当にすませています。

なかには老いにあらがおうと、顔のたるみをなくす手術や注射をなさる方もいますけど、やっぱり表情が不自然になります。私はシワやたるみは、その人の〝味〟になると思っています。笑顔でいれば、そんなもの、誰も気にしません。

樋口

私は若くして亡くなった兄からしょっちゅう、「鼻ペチャ」とか「おかめ顔」などと揶揄《やゆ》されたものです。鼻がもう少し高かったら人生変わったかな、なんて思うこともありましたが、美容整形で鼻を高くしたら、兄の思う壺《つぼ》じゃないですか。

下重

それは悔しいですよね。

樋口

はい。それにこのご面相でも、なかなか素敵な夫に恵まれましたので。いい歳して、のろけてお恥ずかしい限りですが（笑）。

下重

あら！　ごちそうさまです（笑）。

人間、その年齢なりに見た目が変わっていくのは、しょうがない。大切なのは、精神が老け込むかどうか、なんじゃないかしら。それが表情にも反映され、その人の印象になる気がします。樋口さん、笑っているとき、口角がすごく上がっていて、印象が以前とまったく変わりませんもの。

樋口

精神が老け込まないためには、好奇心や向上心が大事。そして、ご機嫌力《きげんりょく》です。

不平不満ばかり言っていると、口がへの字になり、不平不満顔になる。すると、頬はますます垂れて、顔つきが老けてしまいます。

いつもイライラしている人は、眉間のシワがどんどん深くなる。そういう人はまわりも敬遠しがちでしょう。そうは、なりたくないわね。

逆に**いつもご機嫌で笑顔でいると、シワやたるみは気にならなくなります。**しかも、自然と人が寄ってくる。**人寄せパンダならぬ、人寄せ笑顔。**大事だと思いますよ。

下重

表情は、自分でつくるものでしょう。そういう意味では、**年齢を重ねれば重ねるほど、自分の顔の責任は自分で持たないとね。**

第3章

精神の「老い」をくいとめる！

「歳をとると成熟できる」は本当？ 実際は……

樋口　下重さんは私より4つ下ですが、お互い、いい歳よねぇ。

下重　とくに「いい歳」とも思わないけど（笑）。

樋口　ただねぇ……私はこの歳になっても、人間ができていないの。

下重　私もできていませんよ。人間なんか、できていないほうがいいと思います。

樋口　そこのところは、私はちょっと考えが違って。歳をとることのメリットは、少しずつ人間ができてくることだと思っています。

下重　人間ができてくるって、どういうこと？

樋口　**どうでもいいことで怒らない。**そして、**たいていのことは許す。バカな喧嘩は、売られても買わない。**でも私は人間ができていないので、売られた喧嘩をつい買ってしまう。もう少し成熟したいんですけどねぇ。

下重

私はめんどくさがりやだから、喧嘩はほとんどしない、逃げちゃう。

樋口

それは人間ができております！　そういえば3年ほど前に、売られた喧嘩をぐっとこらえたことがあります。もし私が、たとえば喧嘩でどちらにつくかで世の中がいい方向に変わるなら、喜んで火中の栗を拾いますよ。でも、そんな影響力があるわけでもなし。体力も落ちてきたので、喧嘩をする気力も衰えました。

　売られた喧嘩を買わなかっただけでも、少しは成長したのかもしれません。まぁ、そうなるまでに80年くらいかかりましたけど（笑）。

下重

まるくなりすぎるのは、いただけないけど、まわりを見ていると、高齢になって怒りっぽくなる人もけっこういますよ。

樋口

それも、老化の表れでしょう。前頭葉が縮んで機能が衰えると、感情をうまく抑制できなくなるそうです。なかには、老眼で細かい字が読めなかったり、耳が遠くなり聞こえづらかったりすると、イライラしてまわりに当たるような人もいると聞きます。高齢になった夫からよく怒鳴られる、と嘆いている女性もけっこういるようです。

下重

そういえばつれあいも、なんだか最近、怒りっぽいんです。そういうときは、まさに「触らぬ神にたたりなし」。怒ってるなと思ったら、絶対にそれに乗らない。相手にしないようにしています。

友だちのなかには、ぎすぎすした雰囲気になるのがイヤだから、とりあえず形だけ謝って心の中で舌を出す、という人もいます。**でも私は自分が悪くない場合は謝らない。それで、話題を変える。あるいはその場所を離れる。**

樋口

それは賢明ですな。

「まぁ、いいか」で受け流すと、ストレスフリーになる

下重　心身を健康に保つには、ストレスを溜めないことも大事だと思います。樋口さん、あまりストレスを溜めないタイプじゃないですか？

樋口　そうかもしれません。まっ、娘には、外面《そとづら》ばっかりいいと言われますが。

下重　私もストレスはほぼゼロ。〝おめでたく〟できているから、人がなんと言おうと、気にならないの。おめでたいというのは、一種の才能だと思う。

樋口　もともとそうだったんですか？　それとも、転機があったとか。

下重　転機があったんでしょうね。振り返ってみると、大学時代は鬱々《うつうつ》としていましたし、精神的な病かと思い、精神科に行ったこともあります。そのたびに性格検査のロールシャッハテストの結果などを見せられて「あなたは正常です」と言われたものです。

テレビに出ている頃は、けっこうストレスを溜めていたように思います。なにせアナウンサーは秒単位で自分を管理しなくてはいけない仕事ですから、ストレスがないはずがない。それでストレスを感じながら生きていくことが、つくづくイヤになったんだと思います。

樋口

下重さんの本を拝読すると、わりとあっさりしていて、なにかあっても「まぁ、いいか」で流せる方だな、とお見受けしました。

下重

「まぁ、いいか」と、しょっちゅう思っています。そう、声に出すこともあるし。とにかく、ものごとを諦めるのが早い。

樋口

私もトラブルの85%は、「まぁ、いいか」で受け流すようにしています。

下重

私は言いたいことははっきり言うので、人間関係がうまくいかなくなったり、トラブルになったことがないわけではありません。

でも、自分で言ったことの責任は、自分で持たなきゃしょうがない。だから私は、**多少反省することはあるけれど、後悔はしない。そもそも、気にしないの。**

樋口

それでいいのよ。気にしても解決するわけじゃないし、残り時間も無限ではないし、楽しく生きましょう。

「それがどうした、なんぼのもんじゃ」は魔法のことば

下重

NHK時代、まわりには優等生のいわゆる〝いい子ちゃん〟が大勢いました。誰とも波風立てずに、常に忖度《そんたく》して、先輩からなにか言われると、なんでも「はい、はい」と聞く。

でも私は、いい子ちゃんではなかった。一応、その場で「はい」とは言っても、右から左に聞き流して、納得できないことは聞き入れない。確信犯で、また同じことをやるんです。

そのうち徐々に、「あいつはそういう人間だ。彼女には彼女の考えがあるんだ」と思ってもらえるようになる。そうなれば、しめたものです。

樋口

若い頃から、筋金入りだったのね。

下重

仕事の場では、そんなふうにやってきました。ただ、人が感じるストレスの多くは、人間関係が原因でしょう。だから私は、プライベートでは、ストレスになる人とは

できるだけつき合わないようにしています。

人づき合いが悪いとか、協調性がないとか、よく言われましたよ。でも、**ストレスが溜まるよりは、悪口を言われたほうがいい。人から悪口を言われても、「それがどうした、なんぼのもんじゃ」と心の中でつぶやく。自分に呪文《じゅもん》をかける**ような感じかもしれません。

樋口

結果的に、自分の意見をしっかり持ち、それを表現できる人のほうが、人生をより楽しめるんじゃないかしら。ただし、そういうストレートな生き方をしてくると、悪口を言われることもありますよね。下重さんの場合は、妬《ねた》みも買うかもしれないし。悪口を言われた瞬間は、やっぱり腹はたちますよね。

下重

もちろん、腹はたちます。でも、そこに引きずられてどんどん深入りすると、向こうの思う壺。ネガティブな感情が膨らんでいきますから。ネガティブな感情を追い出すためにも、「それがどうした、なんぼのもんじゃ」は、魔法のことばですよ。

樋口

最近は下重さんタイプの人も増えてきたから、少しは世の中、女性が生きやすくなったんじゃないかしら。

下重　女性も昔に比べて、息がしやすくなったと思いますよ。

樋口　一方で、男性のなかには、定年退職などで肩書がなくなると、急に元気がなくなる人がいますね。

下重　なかには、「元○○会社専務取締役」とか、昔の肩書を書いた名刺をくれる人もいますよね。「○○放送編成局長」と現役時代の名刺をいまだに使っている人もいるし。アホかと言いたくなるけれど、私にも一分のやさしさと思いやりはあるので、言いませんけど（笑）。

樋口　女性の多くは、肩書のない世界で生きてきたから、忖度なく自分の思いをハッキリ言えるのかもしれませんね。

下重　私たちが若い頃に比べると、女性は自由だし、イキイキとしてきた。一方で男性は、高齢になるとちょっと元気がないようにも思います。

老いるとは「自由になる」こと。なにに対しても「好奇心」を持つ

下重　「老い」そのものについても、自分が当事者になってこそ、わかることがたくさんあります。

樋口　まさにおっしゃる通り。だからやっぱり、**老いるというのは、勉強することでもあるんですね。**

下重　ひとつひとつ、勉強です。だって、初めての経験が次々と押し寄せますから。**たとえそれが、一般的には「衰え」とか「老化」といった言葉で括《くく》られるようなことでも、私はわりと、初めての経験だと思って楽しもうとする。**好奇心が旺盛だからでしょうね。

樋口　その精神は大事です！　失っていくものを数えて、いちいち落ち込んでいたら、どんどんうつっぽくなっていくだけですから。だから、できることなら不自由を楽し

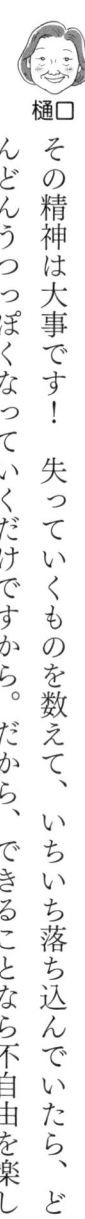

む。まぁ、なかなかその境地にはなれないかもしれないけれど、ボケも楽しんでみるとか。本人が楽しんでいれば、まわりも面白がってくれますし。

下重

私の場合、骨折が3年続いて、足首から手首、次は本物の首か！　と思ったら、笑えました。もちろん骨折した瞬間は痛いですよ。でも、骨を折ったところで大勢《たいせい》に影響はないし、と思えるようになりました。

樋口

先ほど下重さんは、「私はおめでたくできている」とおっしゃったけれど、**〝おめでたさ〟は、老いを楽に生きるためのなによりの武器になる**んじゃないでしょうか。

下重

「おめでたき人、バンザイ！」ですね。

樋口

私もそうとう、おめでたい人間です。最近は耳が遠くなったので、都合が悪いことは聞こえないふり、という技も身につけました（笑）。

最近では差別語とされている不適切な表現ですが、かつては「勝手つんぼ」という言葉があったくらいですし。

下重

そういえば森繁久彌《もりしげひさや》さんが、晩年、そういう感じでしたね。本当に聞こえていないのか、聞こえていないふりをしているのか、見分けがつかない。あそこまでいくと、もう芸の域《いき》でしたが。

樋口

歳をとると、体はしんどくなるけれど、逆に楽になる面もあります。さすがに90をすぎると、なにをしても許されるでしょう。「なにせ年寄りですので、いろいろ間違いや不手際もあるでしょうけど、すみませんね～」と先に謝って、予防線を張っておいたりもします。

そういう意味では、今は楽ですよ～。**歳をとるというのは、いろいろな人から勘弁してもらいながら生きている**んですよ。

下重

まぁ、私はそう達観するほど殊勝《しゅしょう》ではないですけどね（笑）。ただ、**歳を重ねるとは自由になること**だと思っているんです。**義理やしがらみを排除して、本当の自分に戻る。それが許されるのが、**高齢者でしょう。

だから常々、**「死ぬとき、人は最も個性的になる」**と言っているんですけどね。自分でものを考えて、自分で決めて、その結果は引き受ける。

ただ、そのためには、精神的自立と経済的自立は大切です。この2つは、私、ずっとやってきた。人に食べさせてもらったことは、一度もないし。

樋口　それはお見事！

下重　その点は、自分を褒めてやってもいいかなって。

樋口　えっ？　ボケてやってもいい？

下重　やだぁ、樋口さん。「ボケて」じゃなくて「褒めて」。ボケるのは、まだちょっとイヤです。

樋口　ちょっとお笑いの方々を真似て、ボケてみただけです（笑）。逆に私は最近、開き直って「ボケてきたので、すみませんね～」と言っていますよ。

下重　いやいや、ちっともボケていませんよ。それとも、都合悪いときだけボケたフリをしているとか（笑）。

樋口

まさに、勝手なんとやら、ですな。

ひとつなにかを忘れたら、別のなにかを覚えてトントンに

下重

私はまだ、自分の認知能力はそれほど衰えていないと思っていますが、年齢とともに物忘れがひどくなってきたのは事実です。でも、それはしょうがないと思っています。危ないと思ったら「先刻《せんこく》も言ったかもしれませんが……」と前置きします。

樋口

それはいい方法ですね。私も昔のことはよ～く覚えているのに、ついさっき聞いたことや自分が言ったことは忘れたりします。

下重

そもそも私は若い頃から物忘れが激しくて、「物忘れの天才」と異名《いみょう》がついたくらいです。テレビに出ていた頃は、あまりにもスタジオやあちこちに忘れ物をするので、その後を追っていけば私の居場所がわかるとまで言われました。

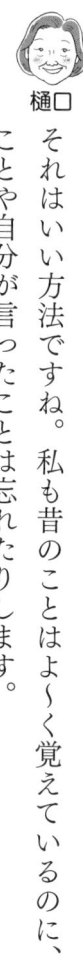

困るのは、すぐ人の名前を忘れてしまうこと。アナウンサー時代は、出演者を紹介する場面がよくあるわけです。ところが名前がわからなくなってしまう。そういうときは、「では、お隣の方からご自分のお名前をお願いします」なんて言ってごまかしていましたけど（笑）。ですから自分では、加齢による物忘れなのか、もともとの性質のせいなのかがよくわからない。
ただ近年は、**ひとつなにかを忘れたら、それを補うため新しいことをひとつ覚える**ようにしています。一応、そうやって努力はしているんです。まぁ、ちゃんとできているかどうかは別ですが。

樋口　覚えるって、どういうことを覚えるの？

下重　たとえば漢字。読むことはできても、書こうと思っても出てこない。

樋口　まぁ、それはしかたがないんじゃないでしょうか。若い方も、今はパソコンで打ち込むのが普通だから、いざ手書きで漢字を書こうとしても出てこないとみなさん言いますよ。

下重　そうらしいですね。でも私は、原稿は手書きなので。

樋口　私もそうです。

下重　漢字を忘れたら、広辞苑を開いて調べる、という努力はしています。分厚い紙の辞書を開くのは、ちょっと大変ですが。

樋口　まわりの高齢者の方たちは、紙の辞書よりスマホなどで検索するほうが軽いし、文字を大きくできるから老いの身には便利、という人も多いですよ。

下重　ただ私の場合、辞書を開いて調べるのはちょっと大変だからこそ、一度引くと、次に書くときにしっかり記憶に残っていたりします。スマホだと簡単に調べられるけど、なぜか記憶に残りにくく、すぐ忘れてしまうんです。

樋口　わかります。分厚い辞書のページをめくるという肉体的な動作が、脳にも刺激になるのかもしれませんね。

樋口

頭と体を活性化させるには「今までやったことのないこと」をやる！

高齢者のなかには「脳に刺激を与えるには新しいことに挑戦するのがいいと言われても、今さら難しい」と尻込みする方もいると思います。でも、躊躇していたらもったいない。

今、2人の助手が私の仕事を手伝ってくれていますが、そのうちの一人は私の従妹《いとこ》の娘で、60歳近くになるまで仕事は一切したことがなく、ずーっと主婦として過ごしていました。

ところが私は70歳のとき、まわりから推されて図らずも東京都知事選に出馬することになり——彼女はそのときに駆けつけて手伝ってくれたのを機に、秘書兼助手として私を支えてくれることになったんです。

彼女は今、70代ですが、頼りになる敏腕秘書ですよ。60歳をすぎて、生まれて初めて自分の名刺を持ったと喜んでいました。

下重

ある程度歳を重ねてから新しいことに挑戦できるというのは、とても幸せなことです。**そのときに頭も体もフル回転するから、若々しくもなる。**

樋口

一方男性の場合、それまで重たい肩書を持っていた方はとくに、「今さらこんな単純労働ができるか」「時給が安すぎる」などと、プライドが邪魔して新しいことにチャレンジできない人も多いようです。

下重

男性のほうが、柔軟になりにくいのかもしれませんね。

樋口

もちろんなかには、見事に転身を図った男性もいます。元大学教授だったある方は、妻を亡くして〝おひとりさま〟に。定年退職後、「3つの保険に入りました」とおっしゃいました。ひとつは、マンションの管理組合の役員を自ら引き受けた。2つ目は、市民講座運営委員会の委員になった。そして3つ目は、地元のカラオケグループに入会。現役時代は、いわば仕事が趣味。仕事以外はなにもしてこなかったそうです。でも一人になって、はたと「若い頃、歌うのが好きだった」と思い出したそうです。おかげで、地域で今までとまったく違う人間関係が生まれたとか。

「自分は一人暮らしだと伝えてあるので、もし予定していた日に来なかったり連絡が取れなかったりしたら、心配した誰かが自宅を訪ねてくれるはずです」と――。

そういう意味でも、「保険」なんですね。

下重

まさに、第二の人生を充実させていますね。私も若い頃から歌うのが好きだったので、「歌が好きだったことを思い出した」という点にとても共感します。今も二月《ふたつき》に1回はカラオケで演歌からオペラまで歌います。新宿の小さなバーを3、4人で貸しきって。ワクワクしますよ。

樋口

それは楽しそう！　先ほどシルバー人材センターの方に料理をつくっていただいている話をしましたが、シルバーさんのなかには経済的に恵まれたご家庭で、ずっと主婦をやってこられた方もいます。
お話を伺ってみると、「私は家事に自信があります。余暇ができたので、その特技を生かしたいと思い、登録しました」とおっしゃっていました。「ご家族の反対は？」と聞くと、「働きに出ることを反対する夫がいても、いまどき、縄で縛って外に出さない男性がいるはずありません。いたらDVです」とのことでした。

下重　いやぁ、スカッとするお返事ですね。だいたい、主婦業は教育や経済分野などあらゆる職種を含んでいます。そのなかから、なにかひとつ得意なものを職業にできるはずです。

樋口　彼女は80すぎまで仕事を続け、引退しました。

身だしなみを整えると、気分が上がってウキウキする

樋口　今回、この本のために下重さんとは何度かお会いしていますが、いつも素敵なファッションだなと感心しています。

下重　私は服を、ほとんど処分しません。30年、40年前のものも平気で着ています。少々値が張っても、本当に気に入って長く着られるものを買いますから。ファストファッションだと、どんどん処分しては新しいものを買うことになりがちでしょう。

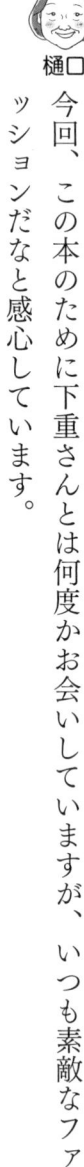

結果的に、いいものを何十年も着続けるほうが安上がりだとも思います。資源を無駄にしないことにもなりますし。今日着てきたコートも、学生時代から着ているんじゃないかしら。

樋口 とてもそうは見えませんけど。学生時代というと、何年くらい前？

下重 70年ほど前だと思います。

樋口 ひぇ〜っ！　なんと物持ちがいいんでしょう。

下重 流行をチェックするのも、嫌いじゃないの。時代がわかって面白いし。でも、流行を追って買うことはしない。好みはほとんど変わらないので、本当に好きなものだけを買って、それを組み合わせて着ています。

樋口 でもそれは、体形が変わらないから可能なんじゃないかしら。

下重 これでも私、以前より10キロ増えたんです。アナウンサー時代は、37キロしかなかったから。

樋口　わっ！　風が吹いたら飛ばされそうですね。

下重　かつて伊勢湾台風をアナウンサーとして中継しましたが、ほんとに飛ばされかけました……。今くらいの体重で、適度に脂肪もあったほうが、体調がいいみたいです。

樋口　なんでも最近の研究では、**脂肪は免疫とも関係ある**ようです。**高齢になったら、ちょっぴりふっくらしているくらいのほうが、健康でいられる**とも聞きます。だから70をすぎたら、ダイエットなんて考えないほうがいいみたい。

下重　体質改善をして胃下垂が治ったことも、体重を増やせた理由のひとつでしょうね。10キロ増えてよかったと思います。この年齢で37キロだと、貧相で老けて見えて、おしゃれの甲斐もないかもしれません。

おしゃれということで言えば、私は毎日、違う服を着るようにしているんです。

外見を変えないと、気分が変わらないから。毎日、新鮮な気持ちでいるために、1日中家にいるときでも、同じ服を2日続けて着ないようにしています。ちょっと改まったスーツなど、どうしても同じものを続けて着ざるをえないときは、スカーフやブラウスなどで変化をつけます。

樋口

素敵な心掛けですね。私は「出《で》の衣装」なんて言葉で表現していますが、やはり人と会うときには、それなりに気を遣います。アクセサリーやスカーフで、ちょっとアクセントをつけたいな、などと思いますし。今日も、ちょっぴりおめかししたつもりです。

下重

樋口さん、とても似合っていると思います。私は出かけるときは、前の日から服装を考えます。昨日も「明日は樋口さんにお会いするから、なにを着ていこう。この間お会いしたときはあの服だったから、違うのにしよう」などと、しばらく考えました。

吸水パッドでＱＯＬを上げる。これで行動範囲がいっきに広がる

樋口

下重さんとはときどきオペラでご一緒することもありましたが、オペラに行く際は、私もちょっと気張っておしゃれをしたものです。ブローチや指輪なんぞも、つけてみたりして。

　オペラといえば、当時、オペラ仲間のなかでお姉さま格だった方が、あるとき「もう、オペラに行けないわ」と。一幕が長い作品だと、途中でトイレに行きたくなるからと、オペラを卒業されました。

下重

わかります。私も初めて見る演目は一幕の長さがわからないから、ちょっと心配になることがあります。

樋口

演出によっては何場かつなげて一幕を長くすることもあるでしょう。「うへぇ～っ、こんなに長かったのォ？　助けてぇ～」って感じになることも。

　で、幕が下りたとたんにバタバタバタバタとトイレに向かって駆け出す。それに懲《こ》り

て、一幕の長さを確認するようにしました。

下重

そのトイレがまた混んでるのよね……。トイレに行きたくならないよう、用心して水分を取らないでいると、今度は血液がドロドロになって脳梗塞などにならないか、心配でしょう？　高齢になってからの観劇は、若い頃のようにはいきませんね。
　それともうひとつ気をつけなくてはいけないのが、高速道路での渋滞。コンサートに行くためにつれあいの運転で車に乗り、首都高速道路で事故渋滞に巻き込まれて、冷や汗が出たことがありました。目的地に着いたとたん、トイレに駆け込んで、ギリギリセーフ。心臓に悪いったらありゃしない。ですから**前もって必ずトイレに行くようにし、車に乗るときには、用心のため吸水パッドを用意しています。**

樋口

今、吸水パッドの話が出ましたが、この分野は日進月歩。日本の技術力に、感心します。

下重

それほど分厚くなくても、吸水性が高いんですよね。

樋口

２０２３年10月に開かれた「高齢社会をよくする女性の会全国大会・ｉｎ大阪」では、

2日目に5つの分科会が催されて。私は第5分科会の「排せつケアが暮らしを変える〜失禁は誰にでも起こり得る〜」に参加しました。

最近は**尿漏れパッドから、吸水帯つきのショーツ、ショーツ型のパンツスタイルの紙おむつなど、形態もバリエーションが豊富**です。自分の状況に応じて使えば、〝クオリティ・オブ・ライフ〟（ＱＯＬ＝生活の質）が向上します。

なかには、そういうものを使うのはプライドが許さないとか、恥ずかしいなどという方もいるようですが、**やせ我慢して行動範囲が狭くなるようでは本末転倒。便利なものはどんどん取り入れて、行動的に過ごすほうが、心身の健康にいい。**

なによりそのほうが、人生、楽しいじゃありませんか。

「欲」とは「意欲」。「欲」を失うと「老化」が進む

下重

私は、「欲」を失わないようにしています。おいしいものが食べたいと思ったら、

体重が増えることなど気にせず食べるし、お酒を飲みたいときには飲みます。行きたいと思ったら、遠いところでも行くし。

樋口
「欲」というのは、「意欲」と通じますから。欲を失うと、老化が進むと思います。

下重
樋口さんは、どんなことに欲を感じますか？

樋口
まぁ、物欲はないですし、あえて言えば、「もっと仕事をしたい」という欲でしょうか。やはり私にとっては、仕事イコール生きることですから。
　年末年始は、仕事がないでしょう。すると毎年、なんか元気がなくなるんです。元日は、めでたい気分にもなれず、しょんぼり。
　ところが、1月2日、大好きな箱根駅伝の中継を見る頃から少しずつ元気になり、3日の復路でさらに元気に。6日頃からなにかしら仕事が始まりますから、そうするとまたエネルギーが湧いてきます。

下重
年末年始は手持ち無沙汰になりますよね……。とはいえ昨今の樋口さんのご活躍ぶり、日本で一番お忙しい90代じゃないかしら。

樋口

いやいや、もっとお忙しくしている方もいますよ。そして「欲」と共に大事なのは、好奇心です。ものごとを面白がるというのは、好奇心とも関係がありますね。私は好奇心が旺盛なほうで、あれもこれも知りたいし、いろいろ首を突っ込みたくなる。人の話を聞くのも大好きです。

好奇心も、意欲と大きな関係があります。好奇心が旺盛な人は、意欲が衰えない。それも、精神の老化を防ぐ大事な要素だと思います。

75歳からは人づき合いを変える。ほんのちょっとの努力で、喜びが得られるように

樋口

歳を重ねたことでの変化といえば、人とのつき合い方が少し変わりました。私は新聞で人生相談の回答者をつとめていますが、知り合いは義理堅い年頃の方が多いから、「今日の記事、拝見」などとハガキが来ます。私もお返事を書かねばと思うんですが、なかなかすべての方に返事は書けなくて。

下重 私はその点、本当にダメ人間で。新聞の人生相談もやってるんですけどね。お礼状は、失礼してしまうことが多いんです。

樋口 私も以前は筆不精《ふでぶしょう》で有名で、私に手紙を出しても絶対に返事はこない、とまで言われました。ところが75歳をすぎた頃から、「筆まめな樋口さん」で通っています。

下重 どうして筆まめになられたんですか？

樋口 私自身、お返事をいただいてうれしかった。そしてなにかの折に、私のほうからある方にお返事を出したら、すごく喜ばれたからです。ちょっとの労力はいりますが、お返事を書いて喜んでいただけるなら、できるだけやってみよう、と。

下重 すばらしい。私も、いただくのは好きだけど、出すのは嫌い（笑）。年賀状も同じです。

樋口 私は、仕事机の端のほうに切手を貼った絵葉書を置いておき、思いついたらすぐに書けるようにしています。

下重

あ、それはいいですね。見えるところに置いておけば、あまり億劫にならない。ハガキや切手を探さなきゃと思うと、それだけで面倒くさくなる。

樋口

絵葉書は便利ですよ。あまりたくさん、文章を書かないですみますから。やっぱりお礼状やお返事も、ひとつの大事なコミュニケーションだと思うんです。

とくに高齢になると、なかなか外出できなかったり、人と会う機会が減ったりしがちでしょう。そんなとき、ちゃんと応答されたという喜びが絵葉書から得られるんです。私自身、ハガキやお手紙をいただくと、とてもうれしく感じるようになりましたし。

下重

それは、いいお話を伺った。永六輔さんはいつもハガキを常用していて、旅で会った人にも、すぐ礼状を出す。永さんの父上が亡くなったので通夜に伺い、帰宅したら、もう礼状が届いていた（笑）。

樋口

そこまで徹底されていると、伝説になりますね。

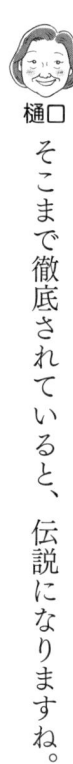

時間があっという間にすぎる。だから1日を大切に生きる

下重　よく、歳を重ねるにつれて月日が経つのが早く感じられるようになると言いますが、私もまさに、そのことを実感しています。時間の流れ方が、どんどん早くなる。

樋口　時間の感覚が変わっていくと言えばいいのか——1日もあっという間にすぎていくし、気がついたら1カ月、半年とすぎている、という感じです。

下重　時間の流れが早くなるのは、ひとつには体力の衰えも関係していますよね。**衰えてくると、今まで1分でできたことが5分かかったりします。**

樋口　そうそう。昔は朝、目が覚めて、一瞬のうちに着替えてスタスタ台所に行っていたけれど、今や寝ている姿勢からベッドに座るまでに、まず時間がかかる。あちこち痛い痛い、などと思いながら、なんとかベッドの上で上半身を起こして、ベッドに手をついて、「エイッ！」と掛け声を出しながら体の向きを変えて。

ゆっくりと床に足をつけて座る体勢になり、つっかえ棒につかまって体を支えながら、ようやく立ち上がる。着替えだって、パパッとはいきませんから。**着替えて歯を磨いて顔を洗うと、もう一仕事したような気分になります。**

下重　昔は1日に4つか5つ用事を詰め込んでも大丈夫だったけど、今ではひとつか、せいぜい2つ止まり。いくつも用事をこなすと疲れるので、どうしてもそうなる。

相対的に、時間がたつのが早くなりますね。

樋口　時間に関して言えば、**先の時間が読めないのも、高齢になってからの実感**です。いつ体調を崩すかわからないので、この先の持ち時間もわからない。いろいろな意味で、**時間に対する感覚が変わります。**

よく言いますよね。20歳の人の1年は20分の1だけど、90歳の人の1年は90分の1だって。

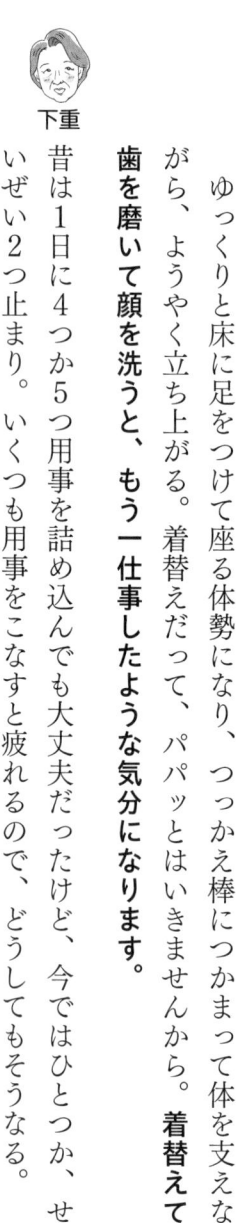

下重　私も85をすぎてからは、1年単位でしか、ものごとを考えなくなりました。

樋口　今、目の前にあることを、あまり無理はせずに、しかし全力で取り組む。そうやって一日一日を大事にしていくのが、この年齢にふさわしい生き方ではないかと思います。

だからといって、やりたいことを諦めるのは虚《むな》しい。今やりたいことは、今すぐやらないと。いつ人生の終わりが来るか、わかりませんから。

いつも「あと1日」と思って生きる。だから「やりたくないこと」は絶対にしない

下重　子どものときは「夭折《ようせつ》」に憧れていて、きっと自分は若くして死ぬに違いないと思っていたの。

樋口　美人薄命《はくめい》といいますものね。

下重　いやいや、そういうことではなくて。まぁ、小学生の頃、結核でずっと寝ていたわけだし、きっと自分は早く死ぬだろう、と信じていたのね。でも、そうはならず、

今に至るわけで（笑）。

今は、いつも「あと1日」と思っています。大相撲で力士が「一日一番」と言う、あの気持ちね。今日1日、生きたなぁ。明日も生きるだろうか。明日の朝、はたして目覚めるだろうか、と。**だから、一日一日が勝負。**

樋口 私も85をすぎた頃から、そう実感しています。

下重 もう少し長いスパンで考えると、私には、まだやりたいことがある。それをやり終えるまでは、なんとか元気でいたい。そのために、自分を長持ちさせる。

樋口 何歳になってもやりたいことがあるというのは、いいですねぇ。私は今92歳ですが、小さなことも含めて、やりたいことはまだまだたくさんあるし。

下重 やりたいことがない、なんて私には考えられない。いつもなにかしら、やりたいことがあるから。一方で、やりたくないことは絶対にしません。

樋口 でも、「なにもやりたいことがみつからない」という声も、ときどき聞きますよ。

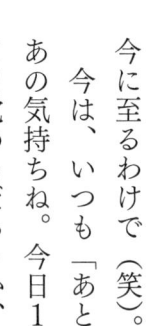

男の方のほうが、そういう人が多い気もしますが。

下重

そういう人は、自分でなにかしら見つけようという気持ちがないのよ。人から与えられたり管理されたりするのが続くと、癖になってしまうのね。

会いたい人には、即会いに行く。でないと必ず後悔する

樋口

やりたいことは今すぐやる。そして、会いたい人にはすぐ会う。これは、高齢になったら鉄則ですね。

最近、会いたい人には即会いに行かねばと痛感させられることがありました。「男女雇用機会均等法の生みの親」と言われ、在ウルグアイ大使、文部大臣、ユニセフ協会会長などを務められた赤松良子《あかまつりょうこ》さんには、30代の頃から本当にお世話になっていて。よき先輩でもあり、同志でもあったんです。

その赤松さんから近々食事でもという連絡をいただいたとき、たまたま体調が悪くて。1カ月くらい経って、体調が回復したので「そろそろ、日取りを決められそうです」とハガキをお送りして——すごく喜んでいらしたそうですが、それから10日くらいで急死された。考えてみたら94歳でしたから、どれだけお元気であっても、いつなにが起きるかわからない。

下重　本当にそう思います。この年齢になってつくづく思うのは、「近々会いましょうね」なんてやりとりはダメ。**会いたいと思ったら、その場ですぐ日取りを決めて、会わないと。**

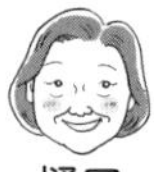

樋口　新型コロナウイルスの流行が始まってからしばらくは、人と会うのが難しくなりましたよね。

下重　あの病気は、人と人を遮断する、けしからんものでした。高齢の知人のなかには、会えないうちに亡くなられた方もいました。

樋口　でも、会えないからこそ、人と会うことが大事だと、改めて気づかせてくれました。

下重

同感です。私は日本旅行作家協会の会長をしているくらいですから、旅は大好きです。でも本音を言うと、最近、ひじょうに景色が美しいとか、そういうところに旅したいという気持ちがあまり湧きません。それより、自分の会いたい人がいるところに旅したい、と思うようになりました。

樋口

まるで、ジュリアン・デュヴィヴィエ監督の映画「舞踏会の手帖《てちょう》」みたい！
　ずいぶん昔に見たので詳しい内容は覚えていませんが、未亡人になったヒロインが、昔、社交界デビューしたときの舞踏会の手帖を頼りに、いろいろな人に会いに行くというストーリーでしたね。

下重

私もぜひ、自分なりの「舞踏会の手帖」をやりたいと思って、ちょっと調べてみたんです。そうしたらヒロインはまだ30代半ば。高齢になってから、昔ご縁があった人に会いに行く、というストーリーではないんですね。

樋口

戦前の映画ですから、当時は平均寿命が、今の半分くらいだったかもしれません。
この年齢になってつくづく思うのは、**人間関係というのは、人間にとってなにより**

大事なもの、ということ。もちろん仕事も大事ですが、**やはり人間同士でかかわり合ってこその人生、**という気がします。

下重

私も、孤独を愛してはいるけれど、それと同じくらい人との関係を大切に思っています。ただ、**時間が無限に残っているわけではないので、会いに行く人は厳選したい**と思ってますが（笑）。

親しい知人のお見舞いに行くべきかどうか、それが問題だ

樋口

会いたいときに会ってはおきたいけれど、難しいのがお見舞いです。高齢になるにつれて、友人知人が入院する機会が増えますよね。私はおっちょこちょいだから、すぐに駆けつけようとしてしまうのですが、ご家族からお見舞いを固辞されるケースもあります。

下重

確かに、お見舞いは難しいですね。とくに活躍されていた方の場合、変わってしまった姿を見せたくない、と考えるご家族もいますし。そういえば、昔の恋人に仕事で会う機会があったのですが、断られました。脳梗塞で後遺症のある姿を見せたくなかったのでしょう。

樋口

本人やご家族としては、尊厳を守りたい、というお気持ちなんでしょうね。それも理解できます。また入院している本人も、誰とも会いたくないという心持ちになっている場合もあります。

　かつて、ある知人のお見舞いに行こうと思ったら、先にお見舞いに行った人から「遠慮したほうがいいかも」とアドバイスされたことがあります。**なんでもお見舞いに行っても、ベッドで背中を向けたままで振り向いてもらえなかったって――。**それで、やめたんですけどね。

下重

私も2年間寝たきりで意識のない友人がいます。はたしてお見舞いに行っていいものかどうか……。

体が思うように動かず、不本意な思いを抱えたり、落ち込んだりして、心を閉ざしてしまう場合もありますからね。**そういう人のところにお見舞いに行っても、かえって傷つけてしまう。**

樋口

その判断が難しい。逆にお見舞いに行ったら、「会いたかった、待ってたのよ！」と言われることもありますし。

下重

病気になったときの気持ち、とくに、もう助からないとわかっているときの心持ちは、その立場になってみないとわからない。

樋口

ほんと、そうですね。ただ私は、たとえ認知症が進んだとしても、その姿を見せるのも、私のひとつの役目かなと思っています。ですからこの先、どんな状態であっても生きている間に、会いたい人のリストをつくって実行したいと考えています。

寝っ転がって本を読むのが至福のひととき、生涯の楽しみ

下重

私たちは人生の後半になって、「コロナ禍」という新たな現象に遭遇しました。なかなか人に会えない時期が続いたけれど、その分、読書や執筆がはかどりました。

樋口

私もあの期間中、ずいぶん本を読みました。**新しい本もありますが**、**昔読んだ本を読み直すと新たな発見があったりして、それもまた面白い**ですし。

あちこち衰えてはきましたが、以前と変わらないのは、本を読む速度でしょうか。ベッドで寝っ転がって終日、本を読んでいても平気ですし、面白いと1日で1冊読み終えてしまうこともあります。

下重

ベッド用のブックスタンドを使ってるんですか？

樋口

そんな高級なものは使いません。両手で本を持って——。

下重

えぇっ！　手が疲れませんか？

樋口　慣れているんで。

下重　私は、ソファに寝転んで読むのが好きです。

樋口　下重さんも私も、親のしつけが厳しい時代に育ちましたよね。でも、私たちは子ども時代に結核で床についていたことがあります。親にしてみれば、もしかしたら娘が命を落とすかもしれないわけだから、多少お行儀が悪くても大目に見てもらえた。それで、すっかり寝っ転がって本を読む習慣がついたのでしょうね。

下重　そう、病気をいいことに、家事に手を出そうとしても、なにもするなと言われて、こちらはデカイ顔していられた。

樋口　そうそう。でも、敵もさるもの。なるべく、親はオロオロを見せないようにする。とはいえ、どうしても娘への気持ちが溢れてしまうから、そこに付け入る。病気のせいで、性格が悪くなりました（笑）。あらゆる謀《はかりごと》をめぐらす癖がついて。おかげで謀が上手になり、後に政府といろいろやりあったりする際に役立ちました（笑）。

下重　人生、無駄な経験はなにもない、ということですよね。

長い人生のなかでは、ちょっぴり意地悪もした

樋口　私は、この歳になっても、いや、この歳になったからこそ、ますます「生きてるって楽しい」と感じます。

下重　すばらしい！

樋口　**自分でも意外だったのは、90歳前後から、がらにもなく人に感謝する気持ちが大きくなっていったことです。**私は、けっこう意地の悪いところもありまして。

長い人生のなかでは、ちょっぴり意地悪をして「おもしれーや」なんて思ったことだって、なくはないですよ。

でも92歳を迎えて、まず出てきた言葉は「みなさんにお世話になりました」。人

に恵まれたからこそ、今まで生きてくることができた。つくづく、そう思います。

下重 樋口さんは、口では「意地が悪い」なんておっしゃるけれど、決して意地悪くなんかない。そうだと言い張るのなら、明るい意地悪。常に人のため、社会のためにがんばってこられたじゃないですか。そしてどんなときにも、ユーモアを忘れない。

樋口 確かに、困っている人、弱い立場にいる人を、少しでも元気づけたい。そのためにお役に立てたら、と思って生きてきました。ともかく、この歳まで生きていられるのは、ひじょうに幸運だったと感じます。

下重 とくに私たちの世代は、戦争を経験していますよね。戦争によって命を落とした人が大勢いたのに、こうして生きているわけですから。そのことにも、感謝しないと。

樋口 私も、心からそう思います。

下重 私もあまり感謝したことのない図々しい人間でしたが（笑）、最近変わってきました。つれあいが料理をつくることがずっと当たり前だったので、ことさら感謝する

気持ちはなかったんです。それがごく最近になって、本当にありがたいと感じるようになりました。

樋口

なにかきっかけがあったのか、それとも自然にそういう気持ちになったんですか？

下重

あるとき、ふと「あっ、私も遠からず死ぬんだ。そして向こうも死ぬんだ」と思ったからかもしれません。彼は私より3つ下ですが、若い頃は、「年下だから、最後まで私の面倒をみてくれるに違いない」などと、虫のいいことを考えていました。

　でも、お互いこの歳になったら、いつなんどき、なにがあるかわかりません。私が今まで好きなように仕事をしてこられたのは、彼のおかげだったんだと、今さらながらに気づいて。ありがたかったな、と心から感謝の念が湧きました。

樋口

気づくのが少し遅いようですけど（笑）。でも、思わないよりいいです。

　世の男性も、妻が料理するのが当たり前だと思っている人が多いですよ。でも高齢になり、ある日、改心して「いつもありがとう」と言う人もいる。まぁ、少数派のようですが。

感謝の念が起きたら、言葉に出すのも大事です。昭和生まれのオトコどもは、妻に言葉で感謝を表すことが苦手な人も多いようですが、減るものでなし。

そうそう、下重さん、ちゃんとつれあいに言葉で伝えましたか？

下重　いやいやいや、そんな照れくさいこと、生きている間は無理でしょうね！

第4章

〝元気なうち〟にやっておいたほうがいいこと

「死んだら化《ば》けて出るゾ～」のはずが、ほとんどいなくなった。それも寂しい

下重

私は死ぬのがあまり怖くないの。子どもの頃、病気でいつ死ぬかわからない、という時期を経てきたからかもしれません。どこかで諦念《ていねん》みたいなものがある。

うちの母は81歳のとき脳梗塞で亡くなりましたが、もともと心臓が悪くて、それまでに救急搬送されたことが2回あったんです。その2回は、無事に帰還できたんですけどね。

3回目に救急車を呼ぶ事態になったとき、母は「私、今度は死ぬような気がする」と言っていました。そして本当に1週間後に、亡くなったんです。

樋口

なんとなく、ご自分の死期を察したわけですね。

下重

そうだと思います。しかも母は、自分の母、つまり福祉に尽くした私の祖母を尊敬していて、常日頃、できれば同じ日に死にたいと言っていました。それが3月18日、春の彼岸の入りの日です。その言葉通り、3月18日に亡くなりました。

樋口　へぇ～っ！　そんなことがあるんですね。私は、死んだら人は「無」になると思っていますが、下重さんはどう考えていらっしゃるの？

下重　私は、**死んでも人の〝想い〟みたいなものは残る**んじゃないかと思っています。その人が生きてきた、なにか——想念《そうねん》みたいなものは残って、それぞれの人の想いが、空気中にいっぱい漂っているというか……。

樋口　私よりロマンチストなんですね。

下重　というより、こういう話をすると笑われるかもしれませんけど、**私は霊体験が何度もあって。だから信じざるをえないし、そういうものを信じているほうが楽しい。**

樋口　私はあんまり霊なんぞを信じていないほうだけど、信じられたら楽しいかもしれません。ただ、「死んだら化けて出るゾ～」なんて考えたこともあるんですよ。

下重　私は樋口さんに化けて出られるのは大歓迎です。だって、また会いたいもの。でも、化けて出るとしたら、いったいなにに化けるつもりですか？

樋口　なにに化けるかは考え中です（笑）。

下重　よっ！　陽気なお化け！

樋口　生きていれば、「あの人、許せない！」「恨んでやる」と思うことってありますよね。でも、ネガティブな思いにとらわれるのはつまらない。だから「恨みつらみは棚上げ方式」にして、「よし、いずれ化けて出るゾ〜」と、自分で自分の気持ちを茶化していたんです。そうすると、だんだん恨む気持ちが馬鹿らしくなってくる。

それで、化けて出たい相手に順番をつけて、「1バケ」「2バケ」などと考えて面白がっていたんですけどね。でも、最近はそれもやめました。

下重　なぜですか？

樋口　ひとつには、歳をとるにつれて、みなさんが私に喧嘩を売らなくなった（笑）。

下重　あぁ、いたわられるお年頃になった、ということね。ちょっと寂しい！

そういえば確かに、私も喧嘩を売られなくなりました。それはそれで張り合いがないというか、つまらないけど。

樋口　「ばぁさんが、またうるさいことを言ってらぁ」てなもんでしょう。でもだからこそ、ある意味、なんでも言える。一方で、まわりからいたわられているのだと自覚することも必要だと思っております。
　そしてもうひとつ、化けて出たかった相手が、次々と先に死んでしまった。なんかそれも、寂しいものですよォ。勝負のときは、これからだと思っていたので。

下重　勝負は、あの世へ行ってからやりましょうよ！

樋口　あの世で下重さんが加勢《かせい》してくださるなら、千人力《せんにんりき》です。

自宅で最期を迎えたいけど、誰かに迷惑はかけたくないという葛藤

下重 私は、最期はできれば自宅で迎えたいと思っています。樋口さんは？

樋口 私は、これ以上体が衰えたら、どこか施設に入ることを視野に入れています。本音を言えば、できるだけギリギリまで、自宅で猫と共に過ごしたいですよ。でも、娘に負担をかけるようなことはしたくないので。

下重 私は集団生活が苦手なので、有料老人ホームなどは向いていないと思います。

樋口 なかには、自立型の高齢者向けのマンションなどもありますよ。もし介護が必要になったら、介護棟に移れるところもありますし。まぁ、お高いところも多いですが。

下重 いろいろな選択肢があるでしょうし、状況いかんによっては考えざるをえないかもしれません。でも、**なるべくなら自宅で最期を迎えたい**と思っています。

樋口　94歳で亡くなられた赤松良子さんは、自宅でまさに眠るように亡くなられました。赤松さんは亡くなる直前まで、会合などに出席され、会食の場ではおおいに食べ、飲んでらしたとか。

下重　私も赤松さんはよく存じています。5月頃に軽井沢の山荘で過ごしていたときに電話がかかってきました。会員制のホテルに滞在なさっていて、落葉松《からまつ》の芽吹きを見たいというので、つれあいの運転で一緒に見にいきました。
　亡くなる前日も、同じマンションに住んでいる知人とハイタッチされたとか。その夜、ベッドでお休みになり、そのまま亡くなられたと聞いています。

樋口　本当に見事ですね。まさにピンピンコロリです。私は赤松さんのように一人で静かに亡くなっていく〝おひとりさま死〟が、寂しいとか悪いとか、まったく思っていません。でも自分の最期を考えると、それはちょっと物足りないですね。

下重　物足りないとは？

樋口　やっぱり親しい人に囲まれて、「樋口さ～ん」「がんばって」とか言ってもらいたい。

下重　いちいち「は〜い」とか応えなくてはいけないの、しんどいじゃない。

樋口　がんばって応えます（笑）。「樋口さ〜ん、しっかりして」「は〜い」ってな具合で。

下重　樋口さんのことだから、また元気になって「あなたたち、ここでなにしてるの？」とか言いそう。

樋口　だったら、なおいいじゃないですか（笑）。

下重　知り合いに、以前政治家だった男性で、とても多趣味な方がいました。ワインを愛し、食べるのが大好き。その方はいよいよ最期というとき、まわりにいっぱい人を集めたんです。そして、みんなで一番いいワインを開けて——。そうしたらその方、ワインが飲みたくて、それまでずっとベッドで寝ていたのに、起き上がったんです。

樋口　あらまぁ！

下重　そしてみんなで「乾杯！」。ワインをひとくち飲んで、パタリと亡くなった。素敵な最期ですよね。

樋口　まるで映画のワンシーンみたい！

死後の整理はプロにお願いしたい。どうやって探す？

下重　ある程度の年齢になったら、最期に向けてそれなりの準備をしたほうがよいのかもしれません。ただ私は、昨今の「終活」ブームには、全面的に賛同できないんです。自分になにかあったとき、残された家族が相続争いを起こしたりしないよう準備をしておく、というのは納得できます。

でも、**メディアがこれだけ終活をすすめ、テレビでも「信託」のCMが盛んなのは、高齢者にお金を吐き出させたいからではないかと、ちょっぴり疑いたくなる。**

新ＮＩＳＡなど投資ブームも含めて、私は懐疑的です。

樋口　下重さんの懸念も、一理あると思います。私は、子どもは娘一人しかいないので、

相続でもめることはまずないと思います。貯金が残ったら、そこから多少は保護犬・保護猫の活動をしている団体に寄付をしたいので、その旨を一応、原稿用紙に遺言として書いてはありますが。下重さんはお子さんがいらっしゃらないし、将来的にお金をどうするか、なにか決めていらっしゃいますか？

下重　一応、公正証書遺言はつくっていますけど、ものすごく大雑把《おおざっぱ》です。基本的には、私が先に死んだら、つれあいの判断に任せるとしか書いていない。向こうも、自分が死んだらすべて私に任せる、と。もし同時に死んだら、どうしようもない（笑）。

樋口　ご親族はいらっしゃるんでしょう？

下重　いたとしても、血は関係ないので。死後の整理は誰かにお願いするしかないので、お願いする人を決めなくてはなりません。**できれば知人や血縁ではなく、専門としてそういうことをやっている人がいい。**そういったことをやっている民間サービスは、一般に「身元保証等高齢者サポート事業」と呼ばれているようですが、とにかく数が多くて、どこがいいのか皆目見当がつかない。**実際に利用している人からの**

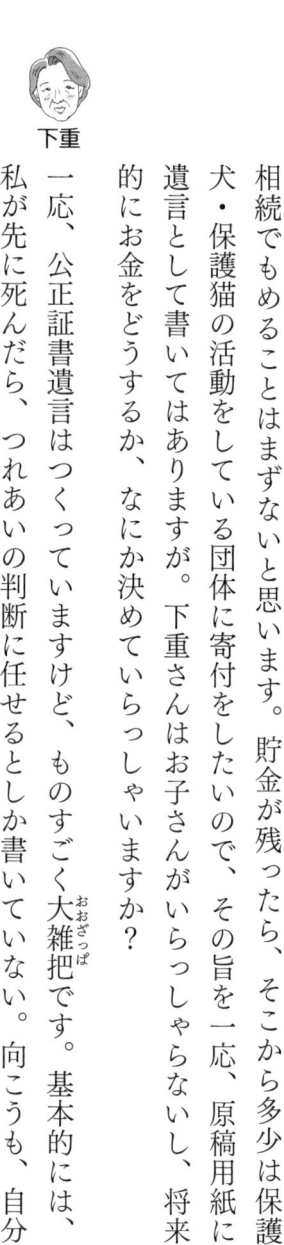

情報が最も信用できるはずだから、今はそういった情報を集めようとしているところです。

樋口

信用できる人からの情報が一番ですからね。ところで相続の話に戻りますが、子どもがいない場合、きょうだいや、きょうだいが亡くなっていたら姪《めい》や甥《おい》などにも相続権が発生しますから。不動産など、面倒なことにならないよう、きちんとした遺言書はつくっておくのが賢明だと思います。**遺言執行人と、それを監視する意味での立会人も、決めておかれたほうがいいですよ。**

下重

確かに夫婦2人ともいなくなった後にどうするか、遺言書の中身をもう少し詳しく書き直す必要がありそうなので、そろそろ弁護士に相談したほうがいいかもしれません。

つれあいが逝き、私にもそのときが来て、なにか残っていたら、できればどこか有意義なところに寄付したい。要するに、使い切って死にたい。そのための手続きも必要ですね。でもまぁ、死んだ先のことまで心配してもしょうがないし。

樋口

潔《いさぎよ》いところが下重さんらしい。

モノによって楽しい思い出がよみがえる。だからモノは捨てなくていい！

下重

終活の一環として〝断捨離〟がよくメディアで取り上げられています。もちろん身の回りにある不要なものを捨てて身軽になること自体は、反対していません。でも、使えるものまで処分するのは本末転倒だし、モノが多すぎると遺族に迷惑をかけるから捨てよう、といった考えにも賛同しません。

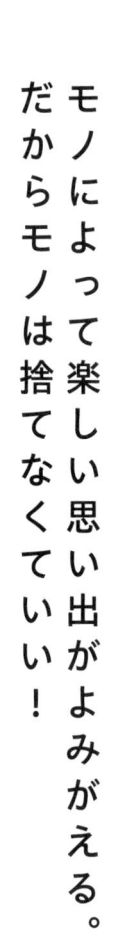

母は晩年、お手伝いさんがモノを捨てると悲しんでいました。自分にとっては価値のあるものは、そばに置きたいと。

樋口

他人にとって価値がないものでも、当人にとっては大事なものはありますからね。

下重

最近はどちらかというと、「モノは持たない」「モノを捨てる」をよしとする風潮がありますよね。でも私は、ある意味で逆行しているというか、「捨てない」主義。本当にいいものは、何十年たっても古くならないから、捨てる必要がないんですよ。

たとえば軽井沢の山荘で使っている家具は、ソファを始め、実家で親が使っていたものです。それを修繕して、大事に使っている。私は家具に限らず、父や母の思いや、友人の思いが宿っているとか、人が介在しているモノが好きなんです。

　物質としてのモノではなく、人の思いが好き、と言ってもいいかもしれません。

ただし、気に入ったものでなければ、家に置きたくない。

樋口

親御さんから受け継いだ素敵な家具は、下重さんがいらっしゃらなくなったら、どうなるんでしょう。

下重

ほしい人が持っていけばいいんじゃない？

樋口

実は私も、「モノを捨てよ」という風潮にはあらがっています。というのも、**「モノ」がきっかけで記憶がよみがえることがある**からです。この歳まで生きていると、たとえばスカーフやアクセサリーなどもいつの間にか溜まってきます。

　ときどき引っ張り出して眺めているうちに、「そういえば必死でお金を貯めてつれあいとイタリアにオペラを観に行ったとき、このスカーフを買ったんだった」などと、思い出がよみがえる。

ヨタヘロになってあまり出歩けなくなってからは、そうやって過去を回想するのも、けっこう楽しい時間です。

下重　確かにそうね。私もスカーフやアクセサリーを見て、「そうそう、これは樋口さんと一緒にオペラに行ったときにつけていた」と思い出したりしますよ。そういう情景は、映像としてハッキリ覚えているんです。

樋口　そういえば先日、助手が書庫で資料を探してくれたとき、「こんなものが出てきました」と、寸劇の台本を持ってきてくれました。

下重　寸劇？

樋口　はい。私が代表をつとめていた「高齢社会をよくする女性の会」では、１９９４年から毎年年末に「歳末名物・女たちの討ち入りシンポ」と称する催しをやっておりまして。その会で何年か、テーマを決めて寸劇をやったんです。私はその手のことが大好きなので、台本を担当。「笑いながら、大事な情報を伝える」をモットーにし、毎年、笑いを取れる寸劇を書いていました。

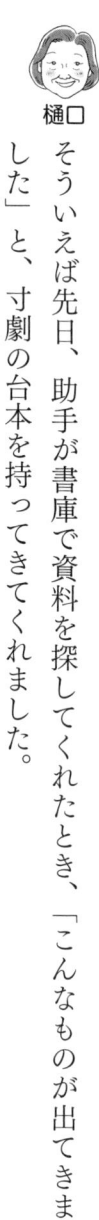

しばらくそのことを忘れていたのですが、台本が出てきたことで、当時の様子が映像のように思い出されて――。そして、亡くなった仲間たちにも、まだご存命の方々にも、「私たち、がんばってきたわよね」と心の中で声をかけた。人様から見たら、寸劇の台本なんて、価値がない紙くずかもしれません。でも私にしてみれば、台本というモノが残っていたからこそ、介護保険法をつくるために仲間たちとがんばった日々など、当時のことが鮮やかによみがえったわけです。

下重

モノは、いわば思い出の扉を開く鍵みたいなものですものね。だから、むやみやたらと捨てればいい、というものではないと思います。

断捨離は反対！　だけど「生前形見分け」は始めたい

樋口

先ほどちょっと触れましたが、実は無謀にも84歳のときに、家を建て替えました。というのも、家が耐用年数を超えてしまい、修繕に追われるようになり、お金がどんどん出ていくようになったからです。

しかも調べてもらったところ、耐震性に問題ありという結果が出ました。住宅地なので、もし我が家が倒壊したら、隣近所に甚大な迷惑をかけかねません。

私には娘がいますが、このような親を持ったことで迷惑もこうむったでしょうから、だったら私が死んだ後にも娘が安心して暮らせるよう、思い切って建て替えよう、と。それをきっかけに、娘とも本格的に同居することにしました。

工事期間中は仮住まいで暮らさなくてはいけないので、旧宅の荷物の整理をする必要があり、これが本当に大変でした。娘からは、荷物、とくに書類・書籍を半分捨てるようにと言われました。でも私にとっては、どれも思い出があるものばかり。

たとえば、若い頃に必死で本を書いたときに使った資料も、捨てがたいんです。応援の方たちが3分の1くらい処分してくれましたが、それ以上は捨てられませんでした。

下重

正解だったと思いますよ。私は大学の卒論だけでなく、そのために使った資料もとってあります。

樋口

新居が完成してからも、普段、使うわけではないけれど、どうしても捨てがたいものが入った段ボール箱がそのまま放置されています。娘からは「この荷物、どうするの！」と厳しく言われますが、「どうもしない！」と開き直っています。**私が死んだら、捨てようがなにしようが好きにすればいい。生きている間は、放っておいてくれ、と宣言。**もちろん捨てるときにかかる費用くらいは、残しておくつもりですが。

下重

最近、雑誌などで「親の家を片づける」といった内容の記事を見かけますよね。なんでも、「親家片《おやかた》」なんて言葉もあるそうです。私は子どもがいませんが、もしいたとしたら、「余計なお世話。放っておいて」と言うでしょうね。いわゆるゴミ屋敷にも同情的です。

樋口

まぁ、善意に解釈すれば、モノが多いと、つまずいたりしそうで危ないと心配してくれているのかもしれませんけどね。

でも、もし娘が勝手に私の部屋に入って片づけようとしたら、「ドロボーッ」（笑）。

下重

ヘルパーさんなどに入ってもらうときに掃除がしやすいように、どうしても片づけたいなら、あくまで親に相談しながらにしてもらいたい。勝手にモノを処分したりするのは、たとえ親子でも越権《えっけん》行為だと思います。

樋口

そういえば、〝形見分け委員会〟なるものをつくろうと思いまして。何十万円もするような指輪などは持っていませんが、数万円程度のアクセサリーはあるので。生きている間に、ご縁のあったみなさんに形見分けしたい。そう思いつつ、なんだかんだ忙しくて、ヒマがない。先延ばしにしている次第です。

下重

私も、生前形見分けは考えています。「でも、疲れるのよね」なんて言いながら、ちょっとでも先延ばししたい。

「片づけうつ」「虎の子消失うつ」などの〝老人性うつ〟にご用心

樋口　実は、家の建て替えには思いがけない副産物もありました。

下重　どんな副産物でしょう。

樋口　今お話ししたように、古家《ふるや》解体前の片づけは、かなり大変でした。もちろんみなさんに手伝っていただき、私は指示をするだけ。それでも、がっくり疲れたのは事実です。大量のモノを前に、ちょっとした「片づけうつ」になりました。**モノを処分するというのが、これほど精神的負担になるとは、想像もしていませんでした。**

下重　私たち物書きは、蔵書も多いですものね。どの本を残すかの取捨選択だけでも、大変だと思います。どんな本でも書いた人の苦労は他人事と思えない。だから捨てられない。

樋口　はい。その次に訪れたのが、「虎の子消失うつ」です。それまで忙しく働いてきたので、それなりの蓄えはありました。でもそれは、将来、食事がわりとおいしい高齢者施設にでも入ろうかと思い、貯めてきたお金です。**それがなくなってしまったので、自分で決めたこととはいえ、心細くなった**のでしょうね。

下重　自分がうつ傾向にあるという自覚はあったんでしょうか。

樋口　渦中にいるときは、ただ引っ越しで疲れているのかな、と思っていました。でも、家の建設中は近くに借家で暮らしていましたが、家ができるまで一度も見に行かなかったのです。好奇心旺盛な私のことですから、心が元気だったら、大工さんにうるさがられるくらい現場を訪れては、あれこれ聞いたり、見学して「ほほぉ、最近の家はこうやって建てるのか」などと驚き、楽しんだことでしょう。
　でも、一度も行く気になれなかった。**後になってから、「あぁ、あれはプチ老人性うつだった」と気づいた**んです。

下重　誰でも条件がそろえば、うつになります。

樋口　自分でも正直、びっくりしました。なんでも、**高齢になると、けっこううつになりやすい**とか。健康不安、孤独、配偶者の死など、うつのきっかけはさまざまです。
また、**環境の変化がきっかけになることが多い**そうです。私にとって家の建て替えにともなう2回の引っ越しは、まさに環境の変化でした。

下重

つれあいの母は100歳まで頭もしっかりしてましたが、自宅から施設に移ったとき、泡を吹き大声を出すなど異常な状態が1週間続きました。環境が変わって不安だったんですね。その後、元に戻りましたが。うつはなんらかの不安が原因のことも多いようですね。

樋口

高齢者にとっては、たとえば自宅から高齢者施設に入るのも、環境の大きな変化と言えます。また、高齢の親がいらっしゃる方のなかには、親のためと思って故郷から呼び寄せて同居するなり、自分たちの家の近くの施設などに入居させる場合もあるでしょう。

住み慣れた場所やご近所さんから離れ、高齢になってから友人も知人もいない場所に引っ越すのは、高齢者にとって負担が大きく、場合によっては老人性うつのきっかけになることもあるようです。

高齢者のうつは気力が湧かない、悲観的になるといった典型的なうつの症状以外に、記憶力が落ちる、判断力が落ちる、食欲がなくなるなどの症状も出るようです。

専門家が言うには、**頭痛や立ちくらみ、しびれや耳鳴りなどの身体的な症状が出**

る場合もあるようです。ただ、**素人には、認知症と老人性うつの区別がつきにくい**ようです。

下重

それは見分けるのが難しいです。頭痛やめまいだと、風邪や疲れと勘違いしそうですよね。熱中症ともどこか似ているし……。

樋口

私は、自分自身がプチ老人性うつを経験したことで、高齢者の精神状態について改めて考えました。私は持ち家も仕事もありますし、経済的にはそれなりに恵まれているほうだとは思いますが、それでも貯金がなくなることで不安になった。ましてや、経済的不安を抱えている人は、どれほど心に負担があるか。

「高齢社会をよくする女性の会」では、引き続きこの問題に取り組まなければいけないと心を新たにしました。

84歳でお金を使いきったときの恐怖は想定外。死ぬときにゼロにするのは至難のわざ

下重

お金は、足りないのも不安ですが、残ってしまうのも、またいろいろ面倒です。私には子どももいませんし、以前から、お金を使いきって死にたいと思っていました。
ところが、これがなかなか難しい。そもそも自分が何歳まで生きるか、わからないですから。**どんどんお金を使った末、思わぬ長生きをしないとも限らないし、かといって倹約して来年死んだりしたら、つまらない。**あの世にお金は持っていけないわけだし。死ぬときにゼロというのは理想かもしれないけれど、実際には、なかなかそうはいかないでしょうね。

樋口

ほんと、そうですね。私は89歳のときに乳がんの摘出手術を受けましたが、手術後、主治医がなにやら書き込みながら説明してくださって。横目で見たら「今後10年の生存確率」という項目がありました。

下重

へぇ〜。

樋口

なんて書くのか、興味津々。すると先生は私と話しながら、さりげなく「80％」と書いたんです。でも私が伸びあがってのぞき込んだら、それをスーッと消して

「79%」と書き直しました。なぜ1%減らしたかは不明ですが。

下重　80%と79%と、なにが違うんでしょうね（笑）。

樋口　八百屋さんでも、100円と値をつけるより99円のほうが、印象がいいですよね。でも「生存確率」だったら高いほうがいい。まあ、この歳になったら79%だろうと80%だろうと、どっちでもいいんですけどね。

　これは正確には「がんの再発等によって死ぬ確率」ということでしょうから、他の病気でいつなんどき、どうなるかわかりません。ただ、生存確率を教えてもらって「まだ当分は娑婆《しゃば》で楽しめそう」とうれしかったのは事実です。

　ところがしばらくすると、もしあと10年生きたらお金が持つかと考えて、ぞぞぞっとしてね。**「長生きはいいけれど、長生きにはお金がかかりまさぁね」**って。

下重　兼高かおるさんが私に「お金は大事よ」と言われたことに通じますね。あとどのくらい生きるか誰にもわからないし。

樋口　そのうち仕事もできなくなるだろうし、病気や介護費用など、出費はどんどん増え

ていくでしょう。自宅で暮らせなくなったら、有料老人ホームの費用もかかります。私はわりと経済的なことには気を遣って生きてきましたが、84歳のときに家を建て替えたのは、人生設計のなかでは想定外でした。このとき貯金はすべてはたいてしまったので、蓄えがなくなってしまった。

そんなわけで、**人生100年時代、長寿には経済リスクもある。そう思ってある雑誌に書いたところ、ひじょうに反響が大きかった。**みなさん、同じような不安を抱えているからでしょう。

下重　自分でできないことは人に頼む。——と、そのつどお金がかかりますからね。

樋口　いやぁ、生きるというのは本当に大変です。

選択的夫婦別姓が認められないのは、おかしい！

下重　そういえばご近所に住んでいて、親しくさせていただいている女性が、最近93歳で

再婚なさったんです。

樋口　へぇ〜っ！　よく、面倒じゃなかったわね。

下重　たぶん夫を亡くされた後、お相手の方とずっと親しくされていたんでしょうね。いまだに、法律婚でないと入院する際の手続きや手術の同意書にサインできなかったりすることがあるみたいですよね。お墓をどうするかといった死後の手続きも、親族や法的な配偶者でないと、手出しできないケースもあるそうです。
　ですから、その方にとっては、結婚が最終的な〝終活〟だったのだと思います。

樋口　なるほど、そういう考え方もあるんですね。確か上野《うえの》千鶴子《ちづこ》さんも、さまざまな手続きをスムーズにするため、パートナーの方が亡くなる直前に、法的に結婚したと聞いています。下重さんのお知り合いも、そういうことかもしれませんね。あるいは、「最後は夫婦として」というロマンチックな願望もあったのかも。無骨な私には、無縁な考え方ですが（笑）。

下重　私はそもそも、結婚したいとはあまり思っていませんでした。ただ、つれあいにな

った男は食事をつくるのが好きで、めんどくさがりの私にはうってつけ（笑）。

樋口 事実婚ではなく法的に結婚したのは、なぜですか？

下重 つれあいはテレビ局で報道の仕事をしていて。海外特派員として赴任する際、正式な夫婦でないと私が同行するとき不便だとか、事務的なことがあったみたいです。それで、妥協したんです。しまった！ と思っても、後の祭り。

本当は、私はパスポートの名前も、下重暁子でいたかったんですけどね。ところで、樋口さんの「樋口」という苗字は、元々のお名前？

樋口 いえ。最初の結婚で、柴田姓から樋口に変わりました。その後、樋口恵子の名前で仕事をするようになり――夫は30代で亡くなりましたが、そのまま樋口恵子できました。2番目のパートナーとは、事実婚です。樋口恵子として仕事をしてきたので、名前が変わるのはイヤですから。

下重 私も、もともと生まれたときの名前である下重暁子の名で、ずっと仕事をしてきました。下重という苗字も好きだし、下重暁子以外は私という感じがしない。いわば自分のアイデンティティでもある。違う名前だと、自分を否定されたような気がします。

ところが法律上では、下重暁子は存在していないわけでしょう。これは、おかしい。私の存在そのものが認められていないのは、どういうことか。憲法13条にもあるように「個人の尊厳」というものがあるはずでしょう。

樋口　女には「個人の尊厳」が認められていなかったのですよ。日本国はそうおっしゃってる。

下重　ひどい話よね。籍とは家族制度の名残で、個人とは対極にありますよね。

樋口　いまだに選択的夫婦別姓が認められないなんて、とんでもない。そんな国、他にありませんよ。この問題が解決されるまでは、なにがあっても死ねない。

下重　同感！　できなければ、化けて出る！

樋口　ここが勝負どころですね。2024年2月、渕上玲子《ふちがみれいこ》さんという方が、女性として

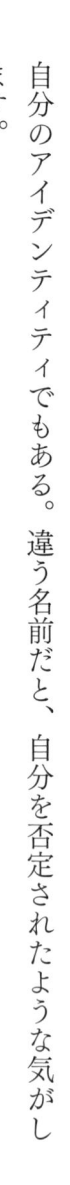

下重

初めて日本弁護士連合会の会長になりました。彼女が「私の抱負は選択的夫婦別姓制度を実現すること」と言っているので、期待してはいるんですけど。

私もこの問題については、ずーっと発言し続けてきました。**もし死ぬまでにこの法律が生まれなかったら、私は死ぬ前に離婚をして、法的にも下重の名前に戻るつもり。**これ、本気です。あちこちで、そう宣言しています。

最近は経団連からも国へ提言が行われました。女性が働くのに不便だと。**でも、不便なだけではないのです。不快なのです。**

延命措置は不要だと思っていたけど、最近考えが変わったワケ

樋口

私はお財布の中に、「私が生命の危機に瀕し、回復の見込みがなく意思の確認ができないときは、延命のみを目的とした治療は固くご辞退いたします」と書いたカー

ドを持ち歩いています。

下重

私も、回復の見込みがない場合は延命措置を行ってほしくないと思い、わりと最近まで「リビング・ウィル（人生の最終段階における事前指示書）」の作成を検討していました。まわりの人に迷惑をかけたくなかったですし、それがいいかな、と。でも、考えが変わったんです。

樋口

それは、どうしてですか？

下重

親しい人で、もう2年も意識がないままの方がいらして。奥さんが声をかけても、子どもが声をかけても反応がない。ところが、以前通っていた教会の牧師さんがお見舞いに来て、「○○さ～ん」と声をかけたところ、「は～い」と返事をしたんですって。意識がなくなっても、耳はわりと最後まで聞こえている、という話を聞いたことがあります。

　ということは、**反応がなくても、なにかしらの感覚が残っているのではないか。それを、自分の意思で命を終わらせてはいけない、と思うようになった**んです。まだ、自分としては結論が出ていませんが。

樋口

私の2番目のつれあいは、元気なとき、「僕は、自分がプロダクティブ（生産的）でなくなったら生きている意味がないと考えている」と、はっきり主張していました。

　ところが脳梗塞を起こして、3年2カ月の間、寝たきりに。気管切開したため、声も失ってしまいました。ただし、消毒のため気管のチューブを外している1分ほどの間は、無声音で話せる。若くてきれいな看護師さんがその処置をしてくれると、「星を見ていると悲しくなる」などと、気どったことを言っていたそうです。

　私は情け深い女ですから、「あなた、なにもできなくなったら死にたいと言ってたのはどうしたの？」とは尋ねませんでした（笑）。そして、動けなくてもしゃべれなくても、女子大生がお見舞いに来ると、うれしそうにしてるんです。でも、「こういうときだけうれしそうな顔をしてもいいの？」とも言いませんでした。

下重

意識はずっとあったんですね。

樋口　はい。ギリギリまで、意識はありました。

下重　**たとえ意識がなくても、感覚は生きている**のかもしれません。そして、なにかの拍子に、よみがえったりする。身近な人にそういうことが起きたので、今は、なにかあってもなるべく生命は保っていたほうがいいかも、という考えに傾きつつあります。

もちろん、回復の見込みもないのに、ただ延命のためだけの医療は、不自然だとは思いますよ。ただ、どこからが延命措置で、どこまでが自然なのか……その境目の判断は難しい、というのが今の正直な気持ちです。

樋口　なかなか答えがすぐに出ない問題ですね。

自分が自然に死んだとしても、死因を「老衰」だなんて書かせない

下重　ところで、ちょっと文句を言いたいことがあって。新聞や雑誌を見ていると、どなたかが亡くなったとき、よく死因を「老衰」と書いてあるでしょう。あの言葉、失礼だと思わない？　**「老いて衰える」だなんて、字面が気に入らない。**

樋口　確かに語感がよくないですよね。でも人によっては、老衰は天寿を全うしたというプラスの印象を持つみたいですよ。

下重　医学用語だそうですが、「老衰」と聞くと、なんかよれよれになって死んでしまうイメージを抱いてしまうから、私はイヤ。

樋口　厚生労働省の「死亡診断書記入マニュアル」では、「高齢者で他に記載すべき死亡の原因がない、いわゆる自然死」を老衰と定義しているようです。

下重　だったら「自然死」でいいじゃないですか。定義に従うと65歳以上が高齢者ということになるわけだから、65歳でもとくに疾患が見つからない死亡の場合、死因は老衰とされてしまうわけでしょう。

樋口　私は今92歳ですが、私がもし死んだとして、死因を老衰と書くのは、あと10年くらいたってからにしてくれ、と思います（笑）。

下重　瀬《せ》戸内《とうち》寂聴《じゃくちょう》さんは99歳で亡くなられましたが、最後まで恋人がいたわけで、老衰という言葉はまったくふさわしくない！

　樋口さん、造語の天才なんだから、老衰に代わるいい言葉を発明してくださいよ。

樋口　すぐには言葉が思い浮かびません。90歳以上の場合は「大往生」とか。

下重　いいですね。65から90までの場合は「大往生」だとちょっと大げさだから「往生」とか。まぁ、**最終的には心臓が止まるんだから「心不全」でいいと思いますけど。**

樋口　ちょっと前までは、新聞などでも「死因は心不全」という書き方をしていましたね。

下重　それがいつの間にか、「老衰」になった。医者の死亡診断書の文言を、そのまま使っているからでしょうが。いずれにせよ、もし明日、自分が死んだとしても、死因を「老衰」だなんて絶対に書かせない（笑）。

第5章

高齢者が声を上げないと、社会は変わらない！

介護保険制度を利用して、手すりやつっかえ棒を取りつけよう

下重

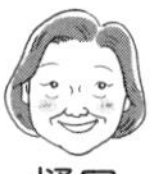

樋口

私はまだ介護保険は利用していませんが、樋口さんといえば、介護保険制度を実現させるために尽力した人、というイメージがあります。

ありがとうございます。私が92年の人生で唯一誇れることがあるとすれば、仲間たちと一緒に、介護保険制度設立に多少なりとも貢献できたことだと思います。

女性たちの声を集め、粘り強く政策提言もし、２０００年4月に介護保険制度が創設されました。運動のスタートは１９８２年です。

昭和53（１９７８）年度版の「厚生白書」に、「同居という、我が国のいわば『福祉における含み資産』とも言うべき制度を生かすに際しては……」と書かれていた。つまり、嫁は舅姑の介護をしろ、ということです。これに怒った６００人を超える女性たちが集結。これが「高齢社会をよくする女性の会」設立のきっかけになりました。

樋口　下重

下重　男性が嫁や娘に介護を丸投げし、女性は就労の機会を奪われたわけですね。

樋口　おっしゃる通りです。高度成長期に、男は企業戦士として会社のために全力投球し、女性は銃後《じゅうご》の妻のごとく、専業主婦として家事、育児、介護などをやれ、と。

　私の友人・知人でも、研究者としてこれからというときに、舅姑の介護のために留学先から呼び戻されたり、キャリアを諦めた人も少なくありませんでした。自分らしく生きることが、許されなかったのです。

下重　知人女性にも介護のために泣く泣く仕事を辞め、本人もその後、うつになった人がいますね。

　介護保険制度ができたおかげで、介護する側も、される側も、助かった人は大勢いると思います。樋口さんご自身は、介護保険は利用されているんですか？

樋口　私は77歳で大動脈瘤の手術をした後、介護保険申請をして要支援1になりました。入院中に筋力や体力が衰えたので、リハビリに特化したデイサービスに通ったほうがいいと病院でもアドバイスされ、認定を受けたのです。リハビリに半年ほど通っ

たら、だいぶ回復したので、デイサービスへの通所と要支援1を卒業しました。
　2回目は、90を超えて、さすがにヨタヘロが進み、歩行が危なっかしくなったので、再び介護保険申請をして要支援1に認定されました。

下重　具体的に、今はどのような支援を受けているんですか？

樋口　**福祉用具を借りたくて、認定を受けたのです。まず、手すりやつっかえ棒を4カ所つけました。**ベッドから起き上がるための、ベッド脇のつっかえ棒。玄関の手すり、そして、うちにはささやかな庭がありますが、玄関から門までのアプローチにも手すりをつけてもらいました。これがよくできていて、実にしっかりしているので、助かっています。
　2年後なのか半年後になるのかわからないけれど、たとえば私が死にますよね。すると、そういった福祉用具は必要なくなります。

下重　使わなくなったら、返せるんですよね。

樋口　今のところ、そうです。でも、今、政府自民党から出ているのは、買い取りにする案です。すると使用する人間が死んだ後、物置に死蔵しておくことになりかねない。もったいないと思いませんか？

下重　確かにそうですね。

樋口　介護度は、変化していきます。そうすると、違ったものに変えなくてはいけなくなる場合もあるわけです。その場合、それまで使っていたものを引き取っていただいて新しいものに変えないと、もったいない。ですから、政府と闘わねばと闘志を燃やしているところです。

下重　資源を大事にする意味でも、リサイクルするのが当然ですね。

働いてきた女性が損をする制度設計。今の時代に合わない部分が多すぎる

樋口　ところで下重さんは、ご自分が年にいくら介護保険料を納めているかご存知ですか？

下重　私は数字が苦手なので、通知の紙を見ても、すぐ忘れちゃう。

樋口　かくいう私も、今、金額を問われたら、正確に答えることはできません。介護保険料は、自治体によって基準が違いますが、年間収入によって13～17段階くらいに分かれています。下重さんや私のように、高齢になってもせっせと仕事をしていると、それなりの金額を納めているはずです。

また、使う段になっても、収入によって負担額が変わっています。1割負担の方もいますが、収入が多いと2割、3割負担になる。問題はその基準が変わりつつあり、2割負担の層が広がっていることなんです。そのため年金だけでギリギリの人も、2割負担になってしまいます。

下重　それだと、介護保険をなるべく使わないよう、我慢する人が出てきそうですね。

樋口　たぶん、それが狙いなんでしょう。しかも、遺族年金を受け取っている人は収入とみなされないのですが、我々みたいに自分で働いてきた人の年金は収入とみなされる。

下重　制度的におかしいですよね。

樋口　高度成長期、企業戦士とそれを支える専業主婦という家庭のモデルができた。**税制や年金などは、そのモデルを元に設計されているから、どう考えても矛盾だらけ**です。いわゆる第3号被保険者、原則として年収130万円未満である妻は国民年金の払い込みを免除されています。専業主婦が優遇されているわけです。そのため、これを廃止しようと声をあげると、反対する女性もいる。つまり、女性のなかで分断が起きるわけです。

でもいまや、結婚後、出産後も働く女性の割合がどんどん増えていますし、実情に合いません。

下重

私にはつれあいがいますが、一切養ってもらったことはないし、独立採算制です。家や車など大きな買い物は半分ずつ出し合ってきましたが、自分の物は自分で買っている。今まで一人で懸命に働いてきて、最後までなんとかいけると思っていましたが。元気で働ければいいですけど、高齢になると、いつなんどきどうなるかわかりませんから。

樋口

誰もが、高齢にともなうなんらかのリスクを抱えている。それが、長寿社会のある一面だと思います。

なんとかしてほしい高齢者の賃貸住宅事情。空き家だらけなのに借りられない？

下重

数年前、イヤでも年齢をつきつけられる出来事がありました。自宅の一室を仕事場にしていたのですが、手狭になったのと、宅配便などでチャイムが鳴ると気が散るので、家の近くに仕事部屋を借りようと思ったんです。不動産屋で探してもらい、こちらの希望にかなうマンションが見つかったので、いざ契約を交わそうとしたら、不動産屋から年齢を聞かれて。

　正直に答えたところ、「申し訳ありませんが、そのお歳では貸せないとオーナーが言っています」と。なんでも80歳以上の人はいつ倒れるかわからないから貸したくない、ということのようでした。

樋口

高齢になると賃貸物件が借りにくくなるというのは、よくあることです。

下重

孤独死をされたら後の始末が大変、ということなのでしょう。その場合、「事故物件」になるとも聞きました。保証人が見つけにくく、家賃を安定して払ってもらえないのでは、というリスクも勘案される、と。

　でも人生100年時代に高齢者が新たに部屋を借りることができないというのは、ありえない。いえ、あってはいけないことだと思います。

樋口

日本では高齢になると、持ち家でないと暮らしにくい。でもこれだけ高齢社会になると、年齢を理由に賃貸物件を借りられないのでは、困る人も大勢いるでしょう。**しかも80代や90代で一軒家を維持するのは、かなり大変です。**

下重　家は持たない、という主義の人だっているわけですしね。

樋口　最近ではUR都市機構でも高齢者向け賃貸住宅を紹介していますし、民間でも徐々にですが、高齢者が借りやすいシステムを考えるところも出てきました。また、一般財団法人の高齢者住宅財団が行っている居住支援サービスなどもあります。

とはいえ、高齢者の住宅問題は、まだまだ進んでいないのが現状でしょう。政策としてもっと考えてもらいたいですね。

下重　そう思います。今、全国的に空き家が増えていますよね。そういうところを有効活用する方法も、考えられるんじゃないでしょうか。

樋口　確かにそうですね。それで下重さん、仕事場はどうされたんですか？

下重　一応、会社組織にしてありますので、会社で借りることにしたらなんとかなりました。まぁ、内心忸怩《じくじ》たる思いではありましたが。

お墓問題は難しい。先々を考えて、墓じまいをすます

樋口

私は90歳になったのを機に、実家の柴田家の墓じまいをしました。そのお墓には、私の父母と、私が生まれる前に亡くなった姉、若くして死んだ兄のお骨が納められていたけれど、**跡取りが途絶えた人のための永代供養塔《えいたいくようとう》に移すことにしたんです。**娘は独身で子どももいないので、将来的にお墓の面倒をみるのは難しいので。

下重

ということは、ご自分もそこにお入りになる予定ですか？

樋口

そのつもりです。娘は、猫と一緒に入れるところを探すと言っているので、「勝手にせぇ」と。下重さん、お墓はどうされるつもりですか？

下重　つれあいの家族のお墓は多磨霊園にありますが、私はそこに入る気はありません。下重のお墓が都内文京区にあるので、そこでいいかな、と。つれあいが、どうしても一緒にいたいと言ったら（笑）、まぁ分骨でもして……。

樋口　最初の夫が亡くなった際、柴田の家のお墓に入れてほしいとお寺さんに頼んだら、断られました。いくら一人娘の夫でも、違う家の人間のお骨は入れられない、と。

下重　あぁ、そういう時代だったんですね。ひどい話だ。

樋口　お墓というのはそもそも、家制度、つまり家父長制と密接な関係にあります。長男が先祖代々のお墓を守らなくてはいけないとか、次男はそのお墓に入れないとか。

下重　死んだ後にも、家父長制がついてくる。

樋口　その通り！　でも実は、「〇〇家之墓」なる代物が一般的になったのは、明治以降だそうです。それまでは、大名の家などは立派なお墓があったけれど、それ以外は土葬で埋めたあたりに自然石をポンと置くくらいで、いわゆる「〇〇家之墓」みたいなものはなかったと聞いています。

各家で墓石をもうけるようになったのは、火葬が普及した明治以降で、それが家父長制度と合体した。でも、時代と共に、その原則も変わってきたようです。

そもそも少子化が進んでいるし、故郷から離れている人も多いから、お墓を守ることができない家が増えています。今は娘が望んでいるように、猫と一緒に入れるところもありますし。お寺さんも譲歩するようになったんでしょうね。

下重

世の中、変化していますから。墓じまいする人も増えているようですね。最近は永代供養墓や樹木葬なども流行《はや》っているとか。でも、なかには倒産するところもあったりして。お墓問題は、なかなか難しいですね。

「死」にまつわる行政の課題はてんこもり

樋口

私はわりといろいろな統計を見るのが好きなのですが、最近気になったのが、「無《む》縁《えん》遺《い》骨《こつ》」です。高齢化が進むにつれて、日本は「多死社会」になっている、と言われています。年間約１５０万人が、亡くなっていると言われていますが、それらのなかには身寄りもなく、自治体によって火葬にされる方もいます。

たとえば大阪市では、亡くなる人の11人に１人が無縁遺骨に。東京都も２０２２年を例にとると、死者の約８％が、自治体によって火葬されています。そのうち、高齢者がどのくらいの割合なのかまでは、ちょっと調べていませんが。

下重

１割近くの人が無縁遺骨になっていると聞いても、それほど驚かない。そうだろうなぁ、と思います。

樋口

国立社会保障・人口問題研究所の推計によると、65歳以上の一人暮らし世帯は、２０２０年時点では７３８万人ですが、２０３０年には８８７万人、２０５０年には

1084万人へと増加することが見込まれています。

　2050年時点での65歳以上独居率は、男性で約26%、女性は約29%とか。しかもそのうち男性の約6割、女性の約3割が、婚姻歴がない、と見込まれているそうです。

下重

最近は若い人の婚姻率が下がっているし、子どもも減っていますよね。だから、高齢者の独居率は、どんどん上がっていく。

樋口

その通り。**日本はいわば、有史以来の「家族・血縁の少ない時代」を迎えました。**
私はこれを、**ファミリーが少ないところから「ファミレス時代」と呼んでいます。**
たとえば、下重さんにはお子さんがいらっしゃらないでしょう。私は3人きょうだいでしたが、2人が早く死に、一人っ子状態。娘は未婚・子なしですから、わが家は途絶えることになります。
　そういう時代に、葬儀や墓など、死にまつわることをどうするのか。遺骨はどこに納めるのか。政策を打ち出して実現することは、喫緊《きっきん》の課題だと思います。身寄りがいない場合は、火葬費用は健康保険か介護保険から出せるような仕組みにするなど、なにかしら考える必要がある。

下重　厚生労働省も、この問題に取り組み始めているようですね。

樋口　はい。国も新たな制度の検討を始めていますし、自治体によっては、独自の取り組みを開始したところもあります。たとえば東京都豊島区では、「終活あんしんセンター」という相談窓口があり、「死後事務委任」の契約締結を支援しています。今後、入院時の手続き、葬儀、納骨などを一括したサービスを始める予定だと聞いています。神戸市でも同様の取り組みをしています。

もちろん「高齢社会をよくする女性の会」でも、この件について真剣に取り組んでいきたいと考えています。私は2024年6月に理事長を退きましたが、積極的に政府に働きかけるよう、後輩たちに申し送りいたしました。私も情報発信など、できる限りのことをしていくつもりです。

下重　樋口さん、まだまだやらなくてはいけないことがたくさんありますね。

私は団体行動が苦手なので、書くとかしゃべるとか、私にできる方法でやっていきます。

男女の賃金の差をなくし、年齢に関係なく働ける社会をつくる

下重

樋口さんや私は、ずっと自分で働いて、自分を食べさせてきました。この年代の女性としては、ある意味、少数派とも言えます。世の中全体を見ると、以前よりはだいぶよくなったとはいえ、まだまだ女性は弱い立場です。あいかわらず日本のジェンダー・ギャップ指数は、世界１４６カ国中１２５位（２０２３年）ですし。

樋口

かつて、女性は企業に就職したとしても、寿退社をするのが普通でした。会社によっては、就職時に、結婚したら退職すると一筆書かされるところもあったのです。また、男女別定年で、女性は30歳で定年、というケースも少なくなかった。看護師や教師、公務員など一部の職業を除き、女性が正社員として仕事を続ける道は、事

実上、閉ざされていたわけです。

下重 結果的に、女性の貧困率を上げることにもなったわけですよね。

樋口 おっしゃる通りです。ある調査によると、65歳以上の一人暮らしの女性の相対的貧困率は、約44％にのぼるそうです。私はかねてより、「ＢＢＢ――貧乏ばあさん防止作戦――」を唱えています。

下重 制度的に、女性は貧困にならざるをえなかった……。

私はかつてＮＨＫでアナウンサーという職につきましたが、民放各局の中には30歳定年説と噂されているところもありました。多くの女性アナウンサーは30を前に独立せざるを得ず、フリーのキャスターとして実力をつけていくしか道がなかった。

樋口 赤松良子さんたちが奮闘したおかげで、男女雇用機会均等法が成立したのが１９８５年。だいぶ世の中は変わりましたが、今でも過去の慣習を引きずっている企業も少なくありません。

最近、大手ガラスメーカーの子会社に勤めている女性が、男性は総合職、女性は

一般職という考えに基づいて賃金を男女差別していると、裁判を起こしました。賃貸住宅を社宅として扱う制度も、総合職にだけ適用され、会社が家賃の8割を負担。一方、一般職は月3000円の住宅手当しかもらえない。実際には仕事の内容は、総合職も一般職も変わらないのに、です。

しかもその女性が上司に、自分も社宅制度を利用したいと申し出たところ、「女性は実家から通い、寿退社するような規定になっている」と言われたとか。

樋口　下重

いったい、いつの時代の話かと言いたくなりますね。

本当に呆れます。この裁判、5月13日に東京地方裁判所は判決を出し、**総合職男性だけの社宅制度は違法だとし、会社側に約380万円の損害賠償を命じました。**当然の結果です。

まずは、男女の賃金差をなくしてほしい。また、これからは70代、80代になっても働きたい人も増えると思います。そういう意欲がある人、あるいは働かないと経済的に苦しい高齢者の就労をどうするか、考えなくてはいけないと思います。

下重

私は最後まで仕事をしたいと思っています。仕事があるおかげで元気でいられます。高齢者から仕事を奪うのは、早く死ねと言っているようなものだと考えています。社会で必要とされ、しかもなにがしかの収入も得られることが、どれだけ高齢者の生活をイキイキとさせるか。結果的に、介護費用や医療費の節約にもなり、社会にとっても有益なはずです。

トイレとベンチは、高齢者にとっての大事なインフラ

樋口

インフラについても、ひとこと言っておきたい。私は以前から、「老人よ、街に出よ」と言い続けてきました。街に出て、社会に出て、イキイキと過ごそう、と。ところが「安心して用を足せるトイレ」と「疲れたら座れるベンチや椅子」があちこちにないと、高齢者は外出を控えるようになりがちです。そうなるとますますヨタヘロになりますし、気力や好奇心も後退しかねません。結果的に、医療費や介護費

がかさみかねない。

下重

最近は駅のホームのベンチが減っていますよね。あれは、どうしてなんでしょう。都心の場合、数分おきに電車が来るからなのか。ホームに人が多い駅は、ベンチが邪魔なのか。コロナの頃には、ゴミ箱を撤去するところもありましたし、つかまるところも減りました。

樋口

弱い立場の人への配慮が、まったくされていないですよね。高齢者に限らず、体調が思わしくない方、あるいは小さなお子さん連れの方は、ホームに辿り着いたら、座って一息つきたくなることがあります。ベンチで子どもに飲み物を飲ませたい人もいるでしょうし。

下重

そうそう。みんながみんな、元気いっぱいというわけではないんですから。弱い立場の人への配慮がなさすぎると思います。

樋口

高齢者にやさしい社会は、子育て中の人や、ハンディを背負っている人にもやさしいはずです。

下重

段差だってなるべくなくしたほうが、高齢者だけではなく、ベビーカーを押している人や身体障碍《しょうがい》者にとってもやさしいですものね。

樋口

最近は公園のベンチも、寝転がったり長居させないといった目的のためか、座りにくいものも登場しているようですね。かまぼこ形のベンチの写真を見ましたが、あのベンチに高齢者が座ろうとすると、転ばないとも限らない。ひじょうに危険です。たかがトイレやベンチというなかれ。社会全体で考えていくべき課題です。

下重

ついでに言うと、最近、速度が速いエスカレーターがありますよね。駅などがとくに速くて事故も増えています。この間はスーパー内のエスカレーターでお年寄りの死亡事故もありました。**高齢者にとっては乗るタイミングが難しくて、私も最初の一歩を踏み出すときにドキドキしてしまいます。**実際に、恐怖を感じている高齢者は多いと思います。

樋口

効率重視の世の中は、弱い立場の人にやさしくない。ＳＤＧｓの原則のひとつとして「誰一人取り残さない」があります。飢餓や貧困で苦しんでいる人を取り残さないよう、世界全体で考えていくことはもちろん大事ですが、こうした社会の小さな「誰一人取り残さない」にも、目を向けてほしいと思います。

介護保険の改悪反対の声を上げよ

下重　樋口さんは、今どんなことに取り組んでいるんですか？

樋口　今、私が闘志を燃やしているのが、介護保険改悪をいかに食い止めるか。仲間たちと声をあげております。目下闘争中なのが、訪問介護ヘルパーの報酬引き下げです。

下重　ただでさえ、人手不足でしょう？　報酬が下げられたら、なり手がいなくなるんじゃないかしら。

樋口　問題は、サービス付き高齢者向け住宅などひとつの建物でまとまっている場合の訪問介護と、一軒一軒通わなくてはいけない訪問介護を同列に見ていること。統計的

には訪問介護は黒字になっているというのが政府の見解ですが、それは大手が参入しているサービス付き高齢者向け住宅などが底上げをしているからです。

　小規模の事業所は悪戦苦闘していますし、個人宅に通うヘルパーさんも、報酬が減ったらやめる人も出てくるでしょう。**ヘルパーをやっている方にお話を伺うと、訪問先の7割くらいで、利用者に認知症の傾向がある**そうです。そうすると、約束の時間に行っても家にいなかったり、頼んでいないと断られたり。だから、時間のロスが多いんです。しかも、移動時間には時給が発生しない。それなのに報酬を引き下げられたら、なり手がいなくなります。

下重

私のところにも、樋口さんのお名前がついた要望書に署名をしてほしいというメールが回ってきたので、署名しました。

　私の住んでいるマンションの向かいのお宅は独居の在宅介護で、訪問入浴介護を利用するなど、すべて介護ヘルパーのお世話で成り立っています。でも夜間は結局、同じマンションに住む姪や甥が面倒を見ています。ヘルパーがいなくなれば、大変なことになるはずです。

樋口

若い人は、自分事《じぶんごと》と考えられないかもしれません。それどころか、若い人のなかには、高齢者が優遇されていると感じている人も少なくないようです。

でも、誰でも歳はとります。明日は我が身。しかも今、結婚をしない人、子どもを持たない人が増えている。あなたたち、将来、歳をとったとき、どうするんですか？　と言いたい。だから、やはり日本国民、みんなで声を上げていかないと。

下重

そう、怒らなきゃ！　日本人はおとなしすぎます。欧米など外国ではデモは当然の権利です。日本ではほとんど見かけません。

樋口

とにかく、改悪をなんとかとどめましょう。あぁ、まだまだやり残したことがあるから、当分、死ねませんなぁ。

下重

「やることがある」というのは幸せなことですから、**ほんの些細《ささい》なことであっても、自分にできることをコツコツと続けていきたい**ですね。

90前後で、女性はこう変わる

2024年9月5日　第1刷発行

著　者　樋口恵子　下重暁子
発行人　見城 徹
編集人　福島広司
編集者　四本恭子

発行所　株式会社 幻冬舎
〒151-0051　東京都渋谷区千駄ヶ谷4-9-7
電話　03(5411)6211(編集)
03(5411)6222(営業)
公式HP:https://www.gentosha.co.jp/
印刷・製本所　TOPPANクロレ株式会社

検印廃止

万一、落丁乱丁のある場合は送料小社負担でお取替致します。小社宛にお送り下さい。本書の一部あるいは全部を無断で複写複製することは、法律で認められた場合を除き、著作権の侵害となります。定価はカバーに表示してあります。

© KEIKO HIGUCHI, AKIKO SHIMOJU,
GENTOSHA 2024
Printed in Japan
ISBN978-4-344-04342-8　C0095

この本に関するご意見・ご感想は、
下記アンケートフォームからお寄せください。
https://www.gentosha.co.jp/e/